小1 全科の復習テスト

さんすう

この本の特色と使い方（指導される方々へ）

①学習したことがしっかりと身につくよう，くふうをこらしてつくった全科の復習テストです。
②小学１年で学習しなければならない，基礎・基本となるたいせつな学習内容と考え方を取り入れ，確実に力がつくように考えてあります。

マンガのキャラクター紹介

※カイとサクラは双子

はじめに

1年 さんすう

はじめに
1ねんせいでは　かずと　けいさんを　べんきょうします。「あわせて　いくつ？」や「ちがいは　いくつ？」の　けいさんが　できるように　しましょう。けいさんの　ほかにも　ものの　かたちや　とけいの　よみかたも　べんきょうします。くりかえし　れんしゅうして　さんすうチャンピオンに　なりましょう。

●各科目の学習内容をマンガでえがいているので，その学年で学ぶ内容がよくわかります。

本文

●「ふくしゅうのポイント！」は，その単元でどういう点に気をつけて学習をすればよいか書いてありますので，問題をとく前によく読んでおきましょう。

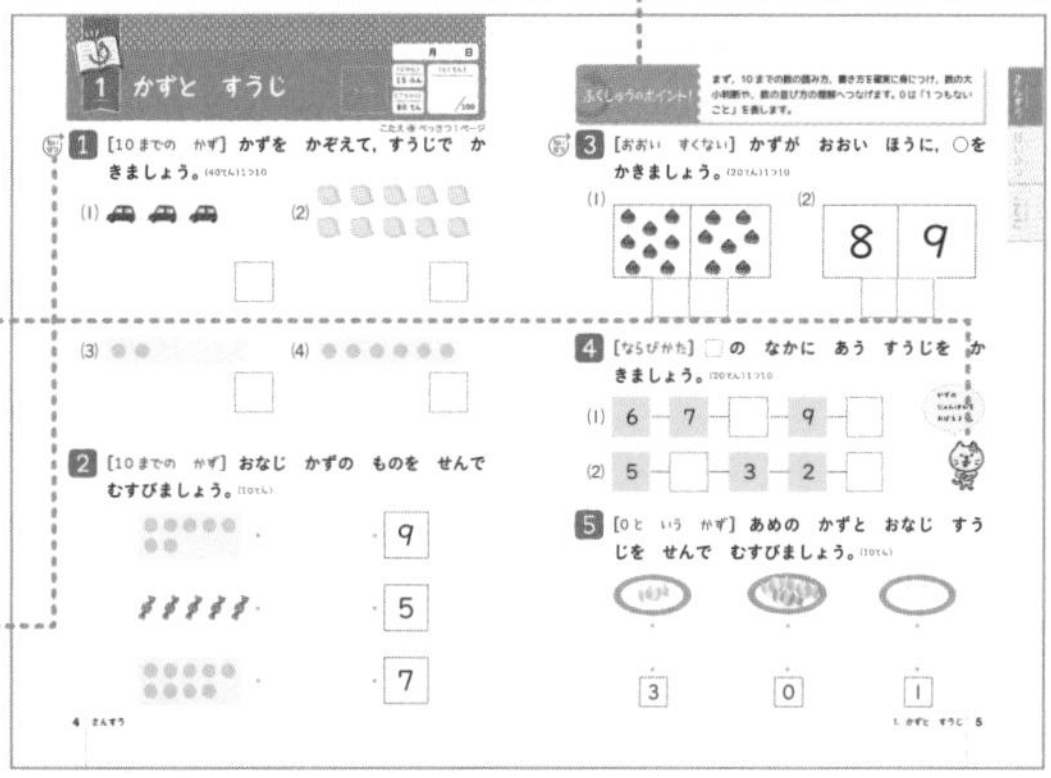
1 かずと　すうじ　月　日

こたえ ☞ べっさつ1ページ

1 [10までの　かず] かずを　かぞえて，すうじで　かきましょう。(40てん)1つ10

(1)　(2)　(3)　(4)

2 [10までの　かず] おなじ　かずの　ものを　せんで　むすびましょう。(10てん)

9　5　7

ふくしゅうのポイント！ まず，10までの数の読み方，書き方を確実に身につけ，数の大小判断や，数の並び方の理解へつなげます。0は「1つもないこと」を表します。

3 [おおい　すくない] かずが　おおい　ほうに，○を　かきましょう。(20てん)1つ10

(1)　(2) 8　9

4 [ならびかた] □の　なかに　あう　すうじを　かきましょう。(20てん)1つ10

(1) 6－7－□－9－□

(2) 5－□－3－2－□

5 [0と　いう　かず] あめの　かずと　おなじ　すうじを　せんで　むすびましょう。(10てん)

3　0　1

4 さんすう　　1. かずと　すうじ 5

●コタロウは本文にも登場します。

●（たいせつ）マークは「たいせつな問題」で，テストによく出る問題です。とくに力を入れて解きましょう。

しあげテスト

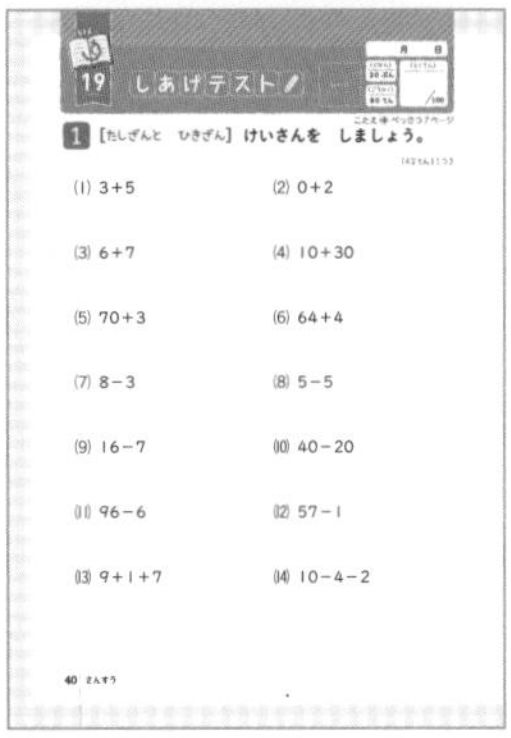
19 しあげテスト　月　日

1 [たしざんと　ひきざん] けいさんを　しましょう。

(1) 3+5　(2) 0+2

(3) 6+7　(4) 10+30

(5) 70+3　(6) 64+4

(7) 8−3　(8) 5−5

(9) 16−7　(10) 40−20

(11) 96−6　(12) 57−1

(13) 9+1+7　(14) 10−4−2

40 さんすう

●このページで各科目の知識がしっかりと定着しているかを確かめましょう。

こたえ

こたえ　小1 全科の復習テスト

さんすう

1 かずと　すうじ　4～5ページ

1 (1)3 (2)10 (3)2 (4)6

4 (1)6－7－8－9－10　(2)5－4－3－2－1

2 なんばんめ　6～7ページ

1 (1)3 (2)みかん (3)5

3 (1)3 (2)1 (3)4 (4)2

3 いくつと　いくつ　8～9ページ

1 (1)6 (2)2，7 (3)3，8 (4)4，9

2 (1)7 (2)1 (3)6

3 (1)3 (2)6

4 (1)4 (2)3 (3)8 (4)10

全科1年／こたえ 1

●「こたえ」には 指導の手引き や ここに注意！ などをつけて，まちがいの原因をさぐりやすくしました。

本書に関する最新情報は，当社ホームページにある**本書の「サポート情報」**をご覧ください。（開設していない場合もございます。）

もくじ

さんすう

はじめに 3
1．かずと　すうじ 4
2．なんばんめ 6
3．いくつと　いくつ 8
4．いろいろな　かたち 10
5．たしざん ① 12
6．ひきざん ① 14
7．たしざん・ひきざん ① 16
8．20までの　かず 18
9．くらべかた 20
10．3つの　かずの　けいさん 22
11．たしざん ② 24
12．ひきざん ② 26
13．たしざん・ひきざん ② 28
14．大きな　かず ① 30
15．大きな　かず ② 32
16．とけい 34
17．せいりの　しかた 36
18．たしざん・ひきざん ③ 38
19．しあげテスト 40

せいかつ

はじめに 43
1．がっこうを　たんけんしよう 44
2．はるから　なつへ 46
3．いきものを　さがそう 48
4．あきが　きたよ 50
5．じぶんで　できるよ 52
6．ふゆが　きたよ 54
7．しあげテスト 56

こくご

はじめに 96
1．ひらがな（よみ） 95
2．ひらがな（かき） 93
3．ことばを　よむ 91
4．ことばを　かく 89
5．かたかな（よみ） 87
6．かたかな（かき） 85
7．かん字（よみ） 83
8．かん字（かき） 81
9．ひつじゅんと　かくすう，まちがえやすい　かん字 79
10．文を　つくる 77
11．てん(、)・まる(。)・かぎ(「 」)を　つかう 75
12．にっきを　よむ 73
13．せいかつ文を　よむ 71
14．ものがたりを　よむ ① 69
15．ものがたりを　よむ ② 67
16．せつめい文を　よむ ① 65
17．せつめい文を　よむ ② 63
18．しを　よむ 61
19．しあげテスト 59

国語は巻末から始まります。

さんすう

はじめに

１ねんせいでは　かずと　けいさんを　べんきょうします。「あわせて　いくつ？」や　「ちがいは　いくつ？」の　けいさんが　できるように　しましょう。けいさんの　ほかにも　ものの　かたちや　とけいの　よみかたも　べんきょうします。くりかえし　れんしゅうして　さんすうチャンピオンに　なりましょう。

1 かずと　すうじ

月　日

シール

〈じかん〉15 ふん

〈ごうかく〉80 てん

〈とくてん〉 /100

こたえ → べっさつ１ページ

たいせつ **1** [10 までの　かず] **かずを　かぞえて，すうじで　かきましょう。** (40てん)1つ10

(1) 

□

(2) 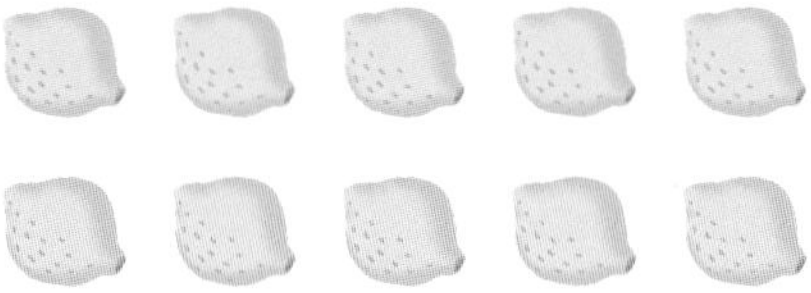

□

(3) 

□

(4) 

□

2 [10 までの　かず] **おなじ　かずの　ものを　せんで　むすびましょう。** (10てん)

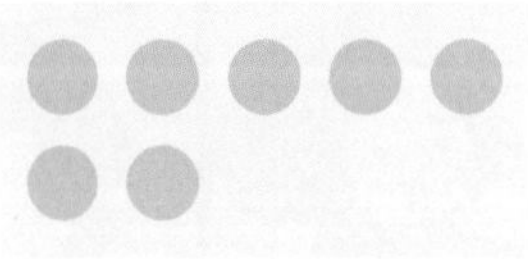 ・　　・ 9

 ・　　・ 5

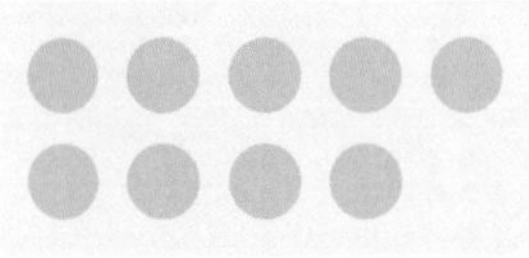 ・　　・ 7

ふくしゅうのポイント!

まず，10までの数の読み方，書き方を確実に身につけ，数の大小判断や，数の並び方の理解へつなげます。0は「1つもないこと」を表します。

たいせつ

3 [おおい　すくない] かずが　おおい　ほうに，◯を　かきましょう。(20てん)1つ10

(1)

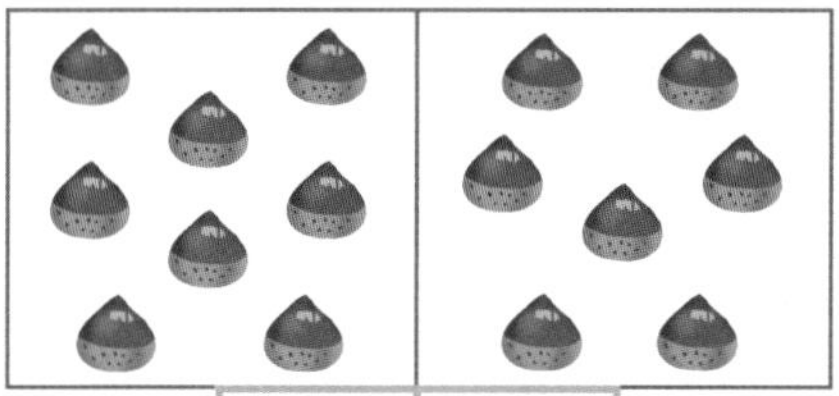

□ □

(2)

8	9
□	□

4 [ならびかた] □の　なかに　あう　すうじを　かきましょう。(20てん)1つ10

(1) 6 — 7 — □ — 9 — □

(2) 5 — □ — 3 — 2 — □

5 [0と　いう　かず] あめの　かずと　おなじ　すうじを　せんで　むすびましょう。(10てん)

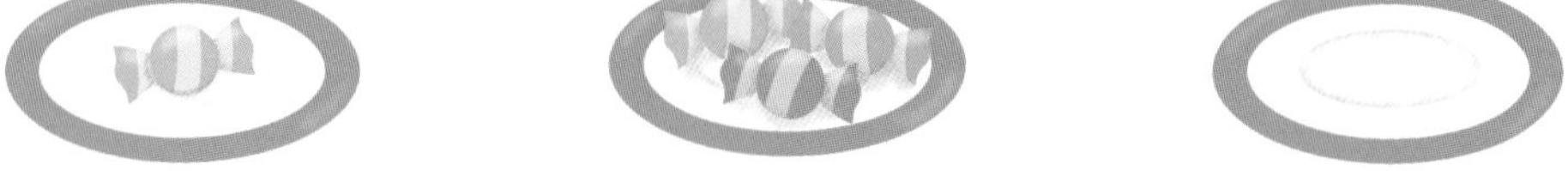

・　・　・

・　・　・

3　0　1

2 なんばんめ

月　日

シール

〈じかん〉20ぷん
〈ごうかく〉80てん
〈とくてん〉 /100

こたえ→べっさつ1ページ

1 **[なんばんめ] □の　なかに，すうじや　ことばを　かきましょう。**（30てん）1つ10

ひだり

みぎ

(1) いちごは　ひだりから　□　ばんめです。

(2) ひだりから　4ばんめは　□　です。

(3) ぶどうは　みぎから　□　ばんめです。

2 **[じゅんばん] えを　みて　こたえましょう。**
(2)と　(3)は　□の　なかに　かきましょう。（30てん）1つ10

まえ

うしろ

(1) まえから　4ひきを　⬭で　かこみましょう。

(2) まえから　4ひきめに　○を　かきましょう。

(3) うしろから　5ひきめに　×を　かきましょう。

ふくしゅうのポイント!

ものの順序や位置を表すには，基点をきめて，「前(後ろ)から」「上(下)から」という方向を表すことばを使います。順番を表す数と，集まりの大きさを表す数の違いを確認しておきましょう。

たいせつ

3 [なんばんめ，あいだの　かず] □ の　なかに，すうじを　かきましょう。(40てん)1つ10

うえ

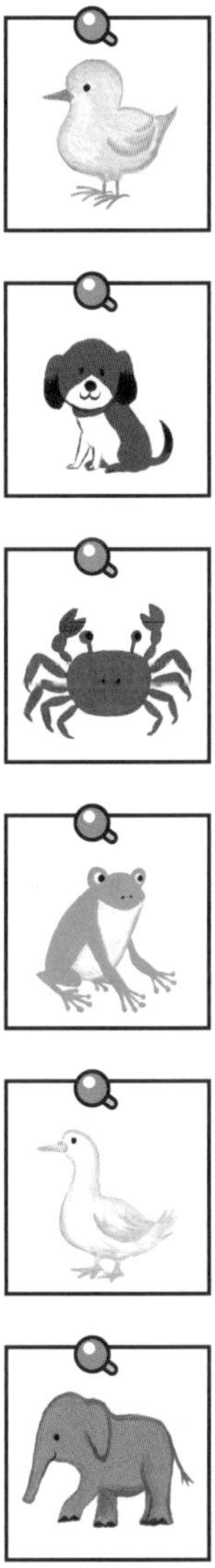

した

(1)  は　うえから　□　ばんめです。

(2)  は　したから　□　ばんめです。

(3)  の　したには　かあどが　□　まい　あります。

(4)  と，したから　3ばんめの　かあどの　あいだには，□　まいの　かあどが　あります。

3 いくつと　いくつ

月　日

シール

〈じかん〉20ぷん

〈ごうかく〉80てん

〈とくてん〉　／100

こたえ→べっさつ1ページ

たいせつ **1** [6 から　9 までの　かず] **なんこ　ありますか。□の なかに　かずを　かきましょう。**(20てん)1つ5

(1)  は 5 と 1 で □ こ。

(2)  は 5 と □ で □ こ。

(3)  は 5 と □ で □ こ。

(4)  は 5 と □ で □ こ。

2 [6 から　9 までの　かず] **かずを　2つに　わけます。□の　なかに　かずを　かきましょう。**

(30てん)1つ10

(1)

8	
1	

(2)

7	
6	

(3)

9	
3	

ふくしゅうのポイント!

10までの数が，それぞれいくつといくつに分けられるかを考えます。「8は3と5」，「3と5で8」のように，2つの数に分けたり，2つの数を合わせたりして考えます。

3 [10づくり] **あと　なんこで　10に　なるでしょう。□の　なかに　かずを　かきましょう。** (10てん)1つ5

(1) 

あと □ こ

(2) 

あと □ こ

4 [10までの　かず] **□の　なかに　かずを　かきましょう。** (40てん)1つ10

(1) 6 は  と □

(2) 7 は  と □

(3) 3 と 5 で □

(4) 2 と 8 で □

4 いろいろな　かたち

月　　日

シール

〈じかん〉15 ふん

〈ごうかく〉80 てん

〈とくてん〉

／100

こたえ → べっさつ２ページ

1 ［にた　かたち］ **よく　にた　かたちを　せんで　むすびましょう。**（40てん）1つ10

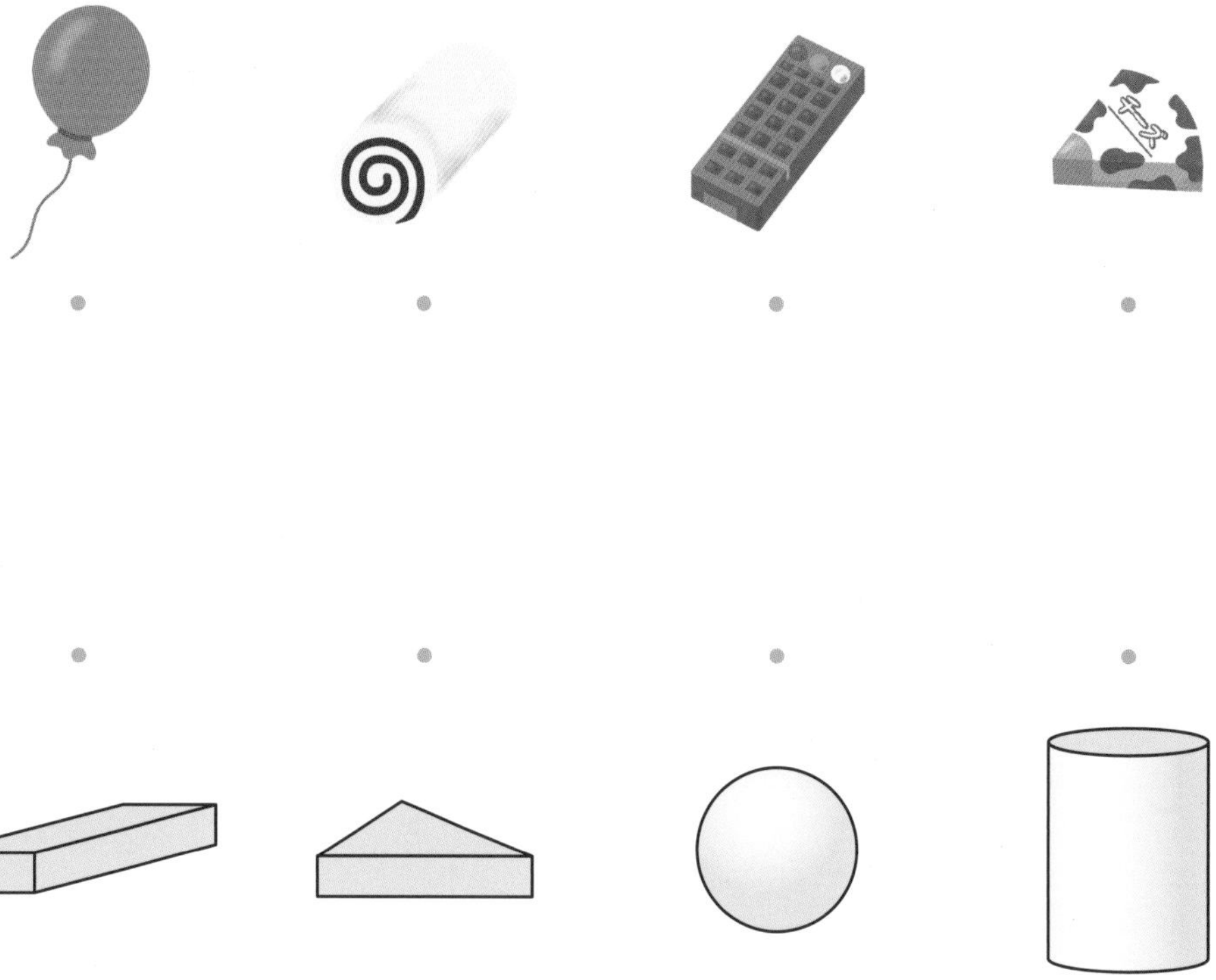

たいせつ **2** ［ころがる　かたち］ **ころがりやすい　かたちに　○を　かきましょう。**（20てん）

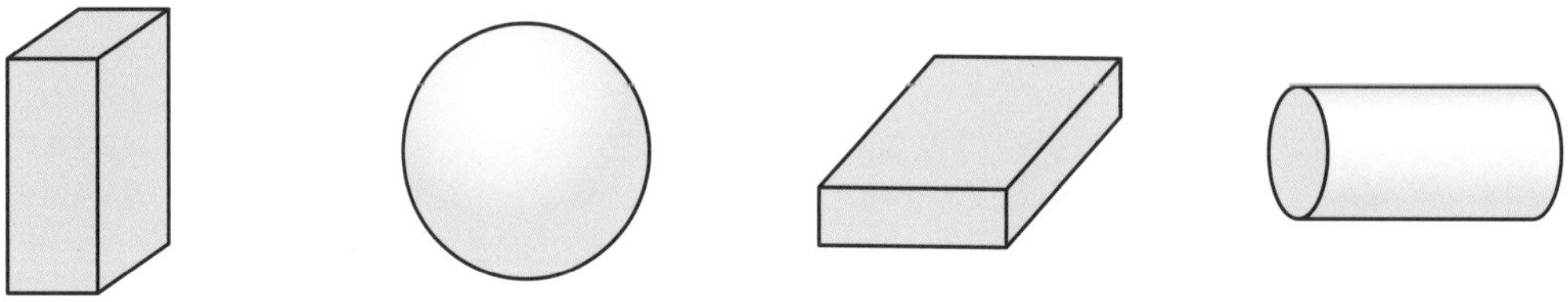

（　　　）　（　　　）　（　　　）　（　　　）

ふくしゅうのポイント!

立体図形を仲間分けし，図形の特徴を理解することが大切です。また，平面図形がどんな形で構成されているかを理解することも大切です。

3 [そこの　かたち] **つみきの　そこの　かたちを，したの　えのように　して　かみに　うつしました。そこの　かたちに　○を　かきましょう。** (10てん)

(　　　)
(　　　)
(　　　)

4 [かたちづくり] **したの　かたちは　(あ)の　いろいたなんまいで　つくれるでしょう。** (30てん) 1つ10

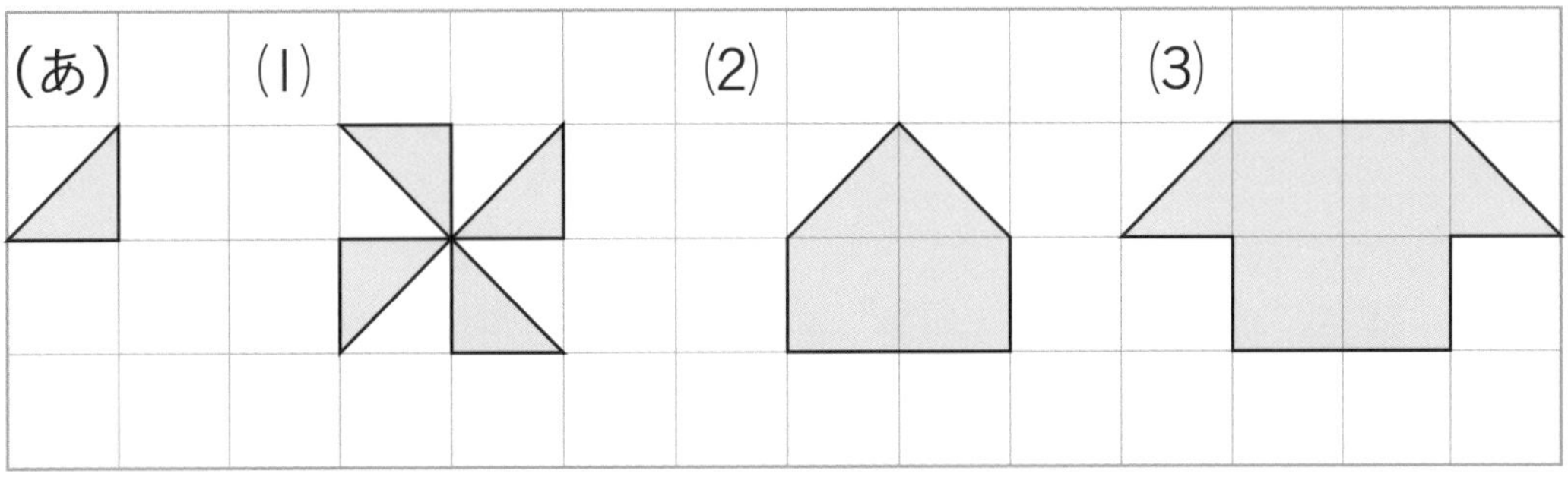

(1) ＿＿ まい　(2) ＿＿ まい　(3) ＿＿ まい

5 たしざん ①

月　日

シール

〈じかん〉20 ぷん

〈ごうかく〉80 てん

〈とくてん〉 /100

こたえ ➔ べっさつ２ページ

1 [たしざんの　しき] □ **の　なかに　かずを　かきましょう。たしざんの　しきも　かきましょう。** (30てん)1つ5

(1) ３と　２を　あわせると，□に　なります。

しき ＿＿＿＿＿＿＿＿＿＿

(2) ４と　●●●●　で，□に　なります。

しき ＿＿＿＿＿＿＿＿＿＿

(3) １に　６を　たすと，こたえは □ です。

しき ＿＿＿＿＿＿＿＿＿＿

2 [あわせて　いくつ] **あわせて　なんぼんでしょう。**

(10てん)しき5，こたえ5

しき ＿＿＿＿＿＿＿＿＿＿　　こたえ ＿＿＿＿＿＿＿＿＿＿

ふくしゅうのポイント!

「あわせていくつ」「ふえるといくつ」は，たし算で求めます。「あわせる」「ふえる」は，「たす」ことと同じであることを確認しましょう。

3 [ふえると　いくつ] かめが　２ひき　います。７ひき　くると，なんびきに　なるでしょう。

（10てん）しき5，こたえ5

しき ________________

こたえ ________________

たいせつ 4 [たしざんの　れんしゅう] たしざんを　しましょう。

（50てん）1つ5

(1) 4＋1＝□

(2) 2＋6＝□

(3) 1＋7＝□

(4) 5＋4＝□

(5) 3＋3＝□

(6) 7＋3＝□

(7) 4＋6＝□

(8) 2＋0＝□

(9) 0＋9＝□

(10) 0＋0＝□

6 ひきざん ①

月　日

シール

〈じかん〉20ぷん

〈ごうかく〉80てん

〈とくてん〉　/100

こたえ→べっさつ2ページ

1 [ひきざんの　しき] □ **の　なかに　かずを　かきましょう。ひきざんの　しきも　かきましょう。** (30てん)1つ5

(1) 5から　2を　とると，□に　なります。

しき

(2) 8から　3を　ひくと，□に　なります。

しき

(3) 9と　7の　ちがいは，□です。

しき

2 [のこりは　いくつ] **6こ　たべると，なんこ　のこるでしょう。** (10てん)しき5，こたえ5

しき　　　　こたえ

ふくしゅうのポイント!

「のこりはいくつ」「ちがいはいくつ」は，ひき算で求めます。「とる」「たべる」などは，ひき算になることばです。「ちがい」は，多いほうから少ないほうをひくと，求められます。

たいせつ

3 [ひきざんの　れんしゅう] ひきざんを　しましょう。

(40てん)1つ5

(1) 7－3＝□　　(2) 6－5＝□

(3) 10－7＝□　　(4) 9－1＝□

(5) 8－2＝□　　(6) 4－4＝□

(7) 10－0＝□　　(8) 5－0＝□

4 [ちがいは　いくつ] ねこと　ねずみでは，どちらが　なんびき　おおいでしょう。

(20てん)しき10，こたえ10

しき

こたえ □ が □ びき　おおい。

7 たしざん・ひきざん ①

月　日

〈じかん〉20ぷん
〈ごうかく〉80てん
〈とくてん〉 /100

シール

こたえ→べっさつ3ページ

1 [たしざんの　もんだい] **あかい　えんぴつを　2ほんと，みどりの　えんぴつを　4ほん　かいました。ぜんぶで　なんぼん　かったでしょう。**

(20てん)しき10，こたえ10

しき

こたえ

2 [ひきざんの　もんだい] **たまごが　8こ　あります。3こ　つかうと，なんこ　のこるでしょう。**

(20てん)しき10，こたえ10

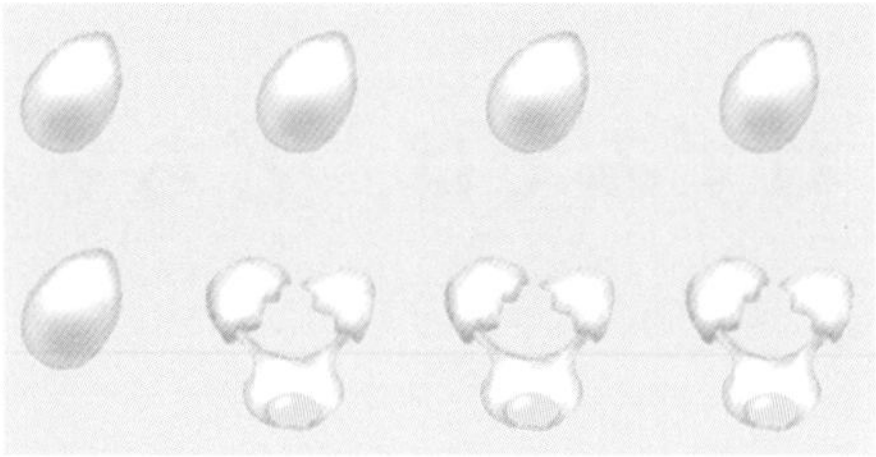

しき

こたえ

3 [ひきざんの　もんだい] **こどもが　10にん　います。おとこのこは　4にんです。おんなのこは　なんにんでしょう。** (20てん)しき10，こたえ10

しき

こたえ

ふくしゅうのポイント！

問題を読んで，たし算の問題か，ひき算の問題かを見分けられるようになることが重要です。また，絵を見て，たし算やひき算になるお話をつくる練習も大切です。

たいせつ

4 ［たしざん・ひきざん］ えを　みて，しきを　かきましょう。こたえも　かきましょう。

（40てん）しき10，こたえ10

(1) たしざんの　しき

しき ＿＿＿＿＿＿＿＿　こたえ ＿＿＿＿＿＿

(2) ひきざんの　しき

しき ＿＿＿＿＿＿＿＿　こたえ ＿＿＿＿＿＿

8 20までの　かず

月　　日

シール

〈じかん〉20ぷん

〈ごうかく〉80てん

〈とくてん〉　／100

こたえ→べっさつ3ページ

1 [20までの　かず] **かずを　かぞえて，すうじで　かきましょう。** (20てん)1つ5

(1) 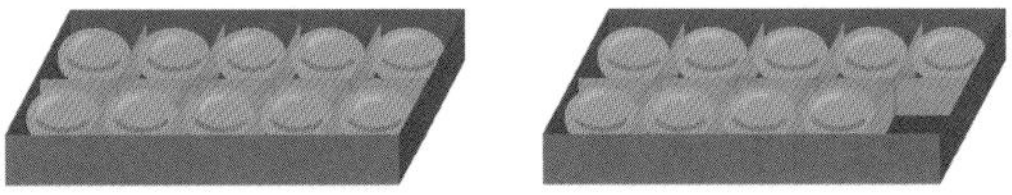 □こ

(2) 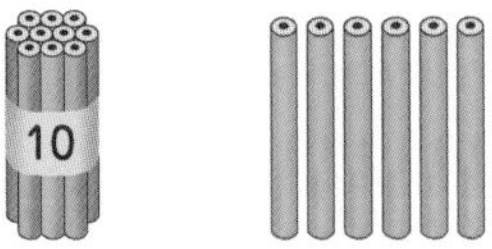

□ぽん

(3)  □こ

(4) 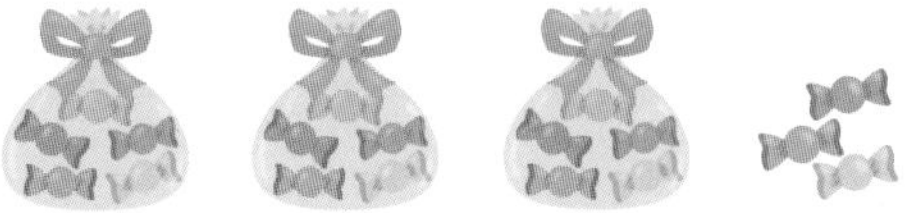 □こ

たいせつ **2** [20までの　かずの　しくみ] □**の　なかに　かずを　かきましょう。** (30てん)1つ5

(1) 10と　5で □

(2) 10と　10で □

(3) 11は　10と □

(4) 18は □ と　8

(5) 10＋7＝□

(6) 14−4＝□

ふくしゅうのポイント！

20までの数について，「10といくつ」という見方ができることが大切です。数の数え方は，「10といくつ」のほかに，「2ずつ」や「5ずつ」の数え方も確認しておきましょう。

3 ［かずの　だいしょう］ **おおきい　ほうに　○を　つけましょう。** (10てん)1つ5

(1)

□	14
□	16

(2)

□	20
□	19

4 ［ならびかた］ □ **の　なかに　あう　かずを　かきましょう。** (30てん)1つ5

8 → □ → 10 → □ → 12 → 13 → □

□ ← 19 ← □ ← □ ← 16 ← 15

5 ［なんばんめ］ **かわを　むいた　バナナは，ひだりから　なんばんめでしょう。** (10てん)

ひだり  みぎ

ひだりから □ ばんめ

9 くらべかた

月　日

シール

〈じかん〉20 ぷん

〈ごうかく〉80 てん

〈とくてん〉　/100

こたえ → べっさつ3ページ

1 [ながさくらべ] ながい　ほうに　○を　かきましょう。(20てん)1つ10

(1)

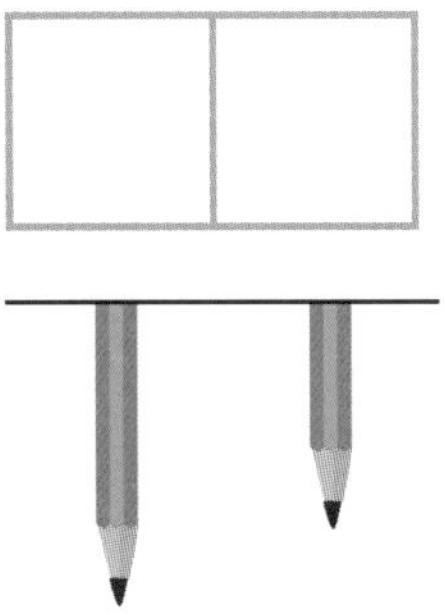

(2)

2 [かさくらべ] おおい　ほうに　○を　かきましょう。(20てん)1つ10

(1)

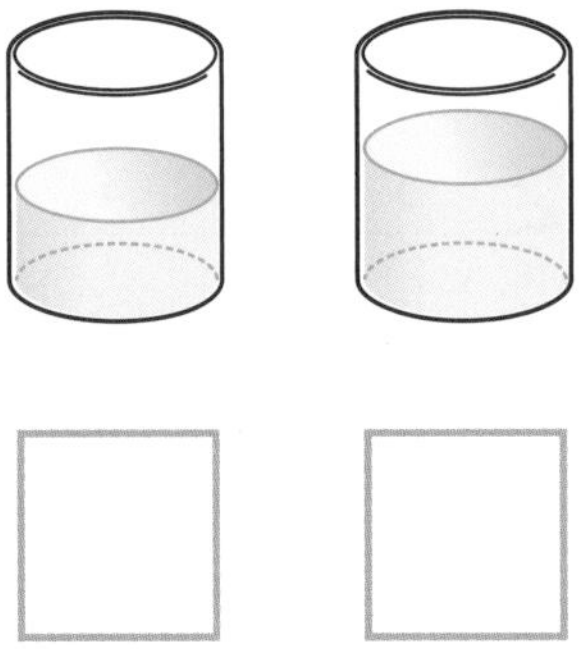

(2)

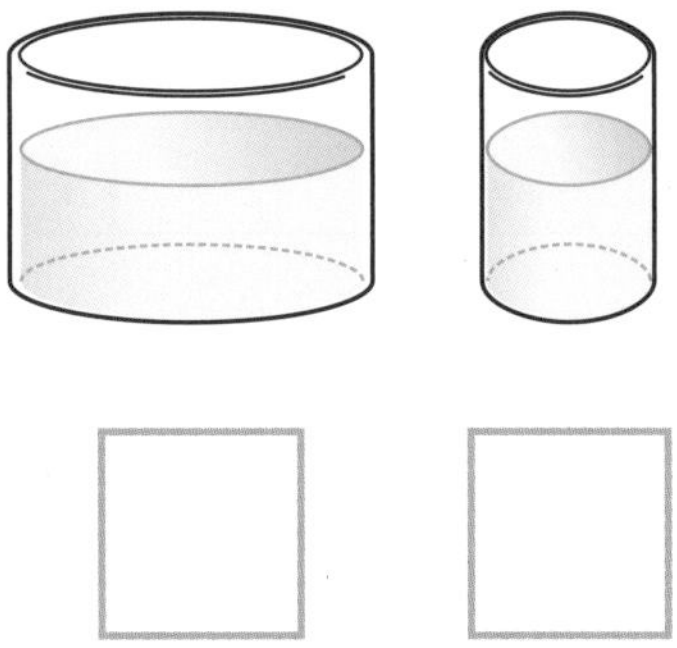

3 [ひろさくらべ] ひろい　ほうに　○を　かきましょう。(10てん)

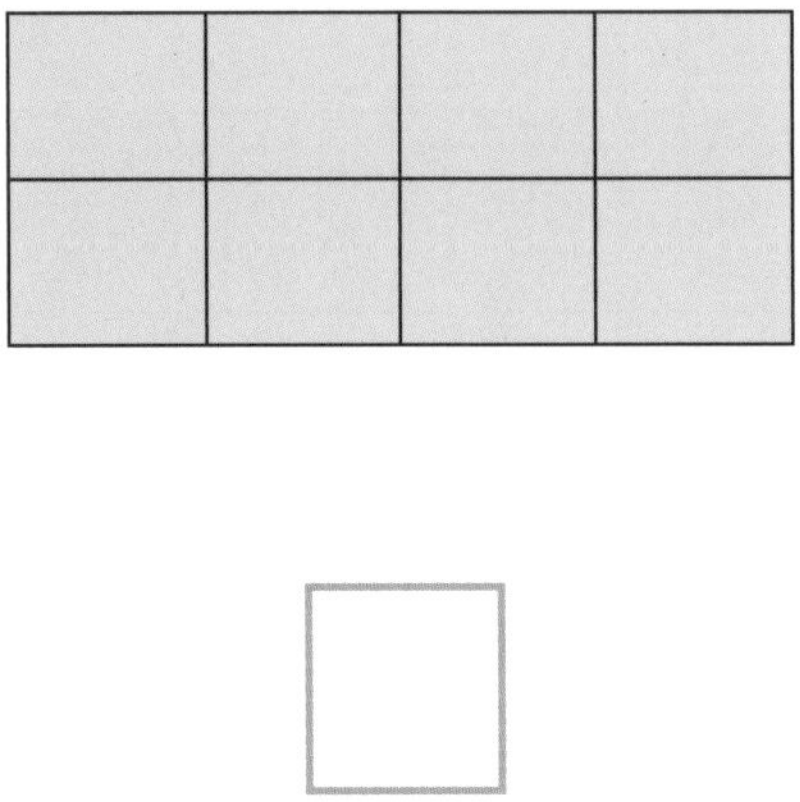

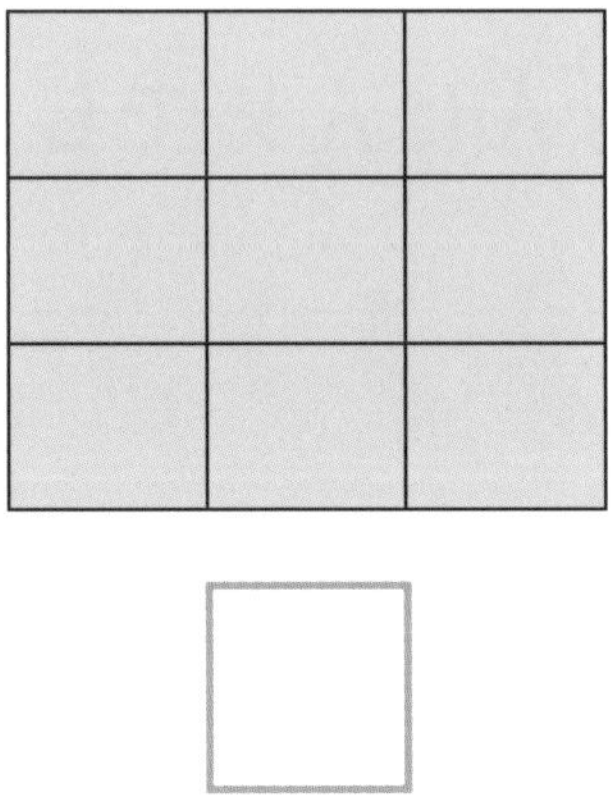

ふくしゅうのポイント!

ものの長さ・かさ・広さの比べ方には，もとになるものの「いくつぶん」で数えて，比べる方法があります。「いくつぶん」の数が多いほど，長い・多い・広いということです。

たいせつ

4 [いくつぶん] **えを　見《み》て　□の　中《なか》に　かず，◯の　中に　きごうを　かきましょう。**（30てん）1つ10

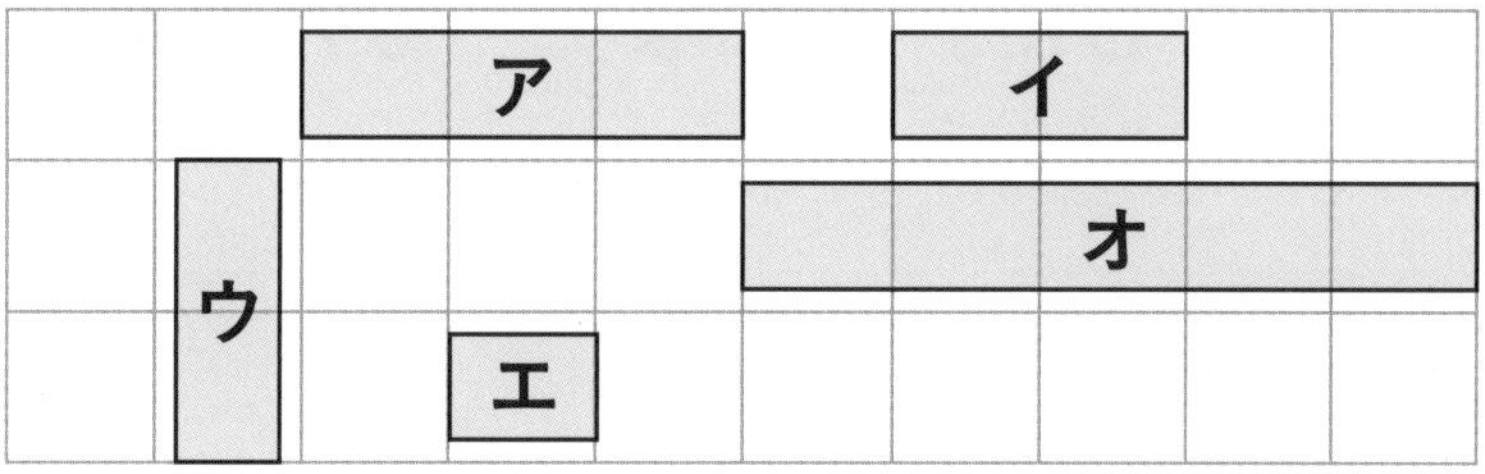

(1) おなじ　ながさは　◯　と　◯　です。

(2) いちばん　ながいのは　◯　です。

(3) **オ**は　**ア**より　めもり　□　こぶん　ながい

です。

5 [どれだけ　おおい] **どちらが　どれだけ　おおく　入《はい》るでしょう。□の　中に　かず，◯の　中に　きごうを　かきましょう。**（20てん）

ア

イ

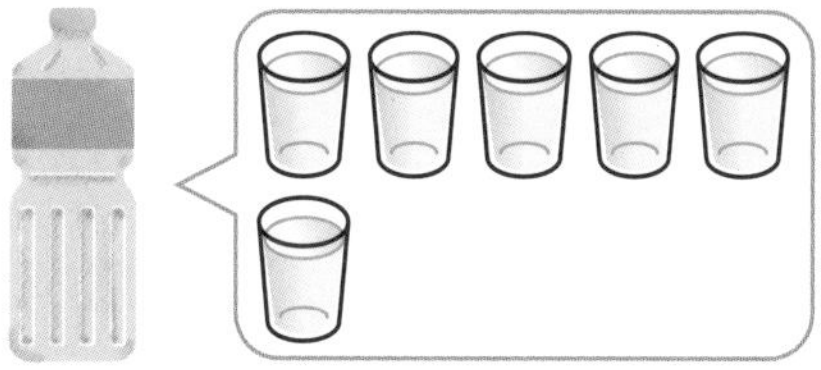

◯　が　コップ　□　はいぶん　おおく　入る。

月　日

〈じかん〉20ぷん

〈ごうかく〉80てん

〈とくてん〉／100

シール

10 3つの かずの けいさん

こたえ→べっさつ4ページ

1 [たしざんの　もんだい] ことりが　4わ　います。そこへ　3わ　とんで　きました。また　1わ　とんで　きました。みんなで　なんわに　なったでしょう。(10てん)しき5，こたえ5

しき ________________　　こたえ ________________

2 [ひきざんの　もんだい] キャラメルが　9こ　あります。2こ　たべました。また　3こ　たべました。のこりは　なんこに　なったでしょう。(10てん)しき5，こたえ5

しき ________________　　こたえ ________________

3 [たしざんと　ひきざんの　もんだい] ノートを　5さつ　もって　います。ともだちに　2さつ　あげました。あとで　おにいさんから　4さつ　もらいました。いま，なんさつ　もって　いるでしょう。

(10てん)しき5，こたえ5

しき ________________　　こたえ ________________

ふくしゅうのポイント！

問題文から，増えたり，減ったりする場面をしっかり読み取り，数の変化を式に表せるようになることが大切です。３つの数の計算は，左から順に計算します。

4 ［たしざんと　ひきざんの　もんだい］ **おはじきを　６こ　もって　いました。ともだちから　３こ　もらいました。あとで　いもうとに　５こ　あげました。なんこに　なったでしょう。** (20てん)しき10，こたえ10

しき ＿＿＿＿＿＿＿＿＿＿　　こたえ ＿＿＿＿＿＿＿＿

たいせつ **5** ［３つの　かずの　けいさん］ **けいさんを　しましょう。**

(50てん)1つ5

(1) 3＋4＋2　　(2) 5＋4＋1

(3) 6＋4＋4　　(4) 8－0－1

(5) 7－2－5　　(6) 16－6－2

(7) 10－5＋3　　(8) 13－3＋5

(9) 7＋2－4　　(10) 2＋8－6

11 たしざん ②

月　日

シール

〈じかん〉20 ぷん

〈ごうかく〉80 てん

〈とくてん〉 /100

こたえ → べっさつ４ページ

1 [たしざんの　かんがえかた] **８＋５の　けいさんを　します。□の　中《なか》に　かずを　かきましょう。**（10てん）

8 に □ を　たして　10

10 と □ で □

たいせつ **2** [たしざんの　れんしゅう] **たしざんを　しましょう。**

（50てん）1つ5

(1) 9＋3　　(2) 8＋6

(3) 7＋4　　(4) 6＋6

(5) 6＋9　　(6) 3＋8

(7) 5＋7　　(8) 8＋9

(9) 9＋9　　(10) 6＋7

ふくしゅうのポイント!

くり上がりのあるたし算は，たされる数とたす数のどちらかが 10 になるように，もう一方の数を 2 つに分けて計算します。大きいほうの数を 10 にすると，楽に計算できます。

3 ［たしざんカード］ こたえが　15に　なる　カードに，○を　かきましょう。（10てん）

9＋6	8＋8	2＋9	7＋8
（　　）	（　　）	（　　）	（　　）

4 ［あわせて　いくつ］ きいろい　いろがみが　9まい，青《あお》い　いろがみが　5まい　あります。あわせて　なんまい　あるでしょう。（15てん）しき10，こたえ5

しき

こたえ

5 ［ふえると　いくつ］ 水《すい》そうに　金《きん》ぎょが　4ひき　います。そこへ　8ひき　入《い》れると，ぜんぶで　なんびきに　なるでしょう。（15てん）しき10，こたえ5

しき

こたえ

12 ひきざん ②

月　日

シール

〈じかん〉20ぷん

〈ごうかく〉80てん

〈とくてん〉 /100

こたえ→べっさつ4ページ

1 [ひきざんの　かんがえかた] **14−9の　けいさんを　します。□の　中《なか》に　かずを　かきましょう。**(10てん)

10から　9を　ひいて　□

□と　4で　□

たいせつ **2** [ひきざんの　れんしゅう] **ひきざんを　しましょう。**

(50てん)1つ5

(1) 12−8

(2) 16−7

(3) 11−9

(4) 12−5

(5) 13−4

(6) 11−3

(7) 14−8

(8) 18−9

(9) 12−6

(10) 15−7

ふくしゅうのポイント!

くり下がりのあるひき算は，ひかれる数を 10 といくつに分ける減加法と，ひかれる数の一の位の数に合わせて，ひく数を 2 つに分けて二度ひく減減法の 2 つの方法があります。

3 [ひきざんカード] こたえが　おなじ　カードを　せんで　むすびましょう。(10てん)

15－6　　17－9　　14－7

11－4　　12－3　　13－5

4 [のこりは　いくつ] こうえんに　子《こ》どもが　13 人《にん》います。7 人　かえると，なん人　のこるでしょう。

(15てん)しき10，こたえ5

しき＿＿＿＿＿＿＿＿　こたえ＿＿＿＿＿＿＿＿

5 [ちがいは　いくつ] すずめが　16 わ，つばめが　8 わ　います。すずめは，つばめより　なんわ　おおいでしょう。(15てん)しき10，こたえ5

しき＿＿＿＿＿＿＿＿　こたえ＿＿＿＿＿＿＿＿

13 たしざん・ひきざん ②

月　日

シール

〈じかん〉20 ぷん
〈ごうかく〉80 てん
〈とくてん〉 /100

こたえ→べっさつ5ページ

1 [たしざんの　もんだい] 犬《いぬ》を　4ひき　かって　います。8ひき　うまれました。犬は，ぜんぶで　なんびきに　なったでしょう。(10てん)しき5，こたえ5

しき

こたえ

2 [たしざんの　もんだい] 花《か》びんに　白《しろ》い　花《はな》が　7本《ほん》，赤《あか》い　花が　6本《ぽん》　入《はい》って　います。花びんに　なん本《ぼん》　花が　入って　いるでしょう。

(10てん)しき5，こたえ5

しき

こたえ

3 [ひきざんの　もんだい] くじが　13本　あります。あたりは　5本です。はずれは　なん本でしょう。

(20てん)しき10，こたえ10

しき

こたえ

ふくしゅうのポイント！

4，5は，ある数量をほかの数量に置き換えて考える問題です。4では，ものと人の数を，図を使って１対１対応させて考えることがポイントです。

4 ［ものと　人《ひと》の　かず］みかんが　11こ　あります。8人《にん》が　1こずつ　たべると，なんこ　のこるでしょう。(20てん)しき10，こたえ10

しき

こたえ

5 ［かごと　ことりの　かず］7わの　ことりが，1わずつ　かごに　入《はい》って　います。かごは，あと　7こ　あります。かごは，ぜんぶで　なんこ　あるでしょう。(20てん)しき10，こたえ10

しき

こたえ

たいせつ

6 ［ひきざんの　もんだい］13人で　いすとりゲームをしました。9人が　いすに　すわりました。すわれなかった　人《ひと》は　なん人でしょう。

(20てん)しき10，こたえ10

しき

こたえ

14 大《おお》きな　かず ①

月　　日

シール

〈じかん〉 20 ぷん

〈ごうかく〉 80 てん

〈とくてん〉 ／100

こたえ → べっさつ5ページ

1 [かずの　かぞえかた] **いくつ　あるでしょう。**(10てん)1つ5

(1)

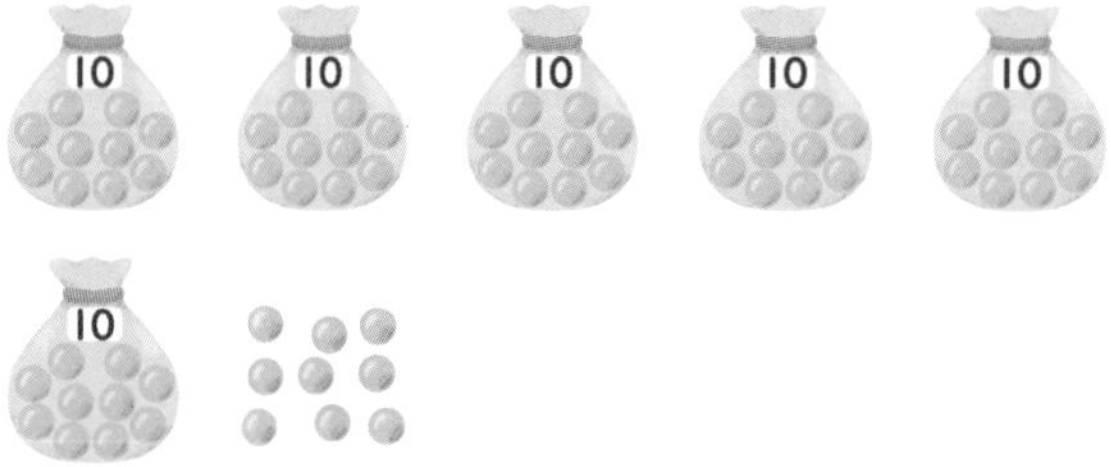

□ こ

(2)

□ まい

たいせつ **2** [かずの　しくみ] **□の　中《なか》に　かずを　かきましょう。**(20てん)1つ5

(1) 10が　9こと　1が　4こで　□

(2) 71は，10が　□こと　1が　□こ

(3) 10が　10こで　□

(4) 十《じゅう》のくらいが　8，一《いち》のくらいが　2の　かずは

□

ふくしゅうのポイント!

10のまとまりがいくつ分が「十の位」, 1のばらがいくつ分が「一の位」になります。数の大小を比べるときは, 十の位の大きさを比べます。十の位が同じときは, 一の位の大きさを比べましょう。

たいせつ

3 [ならびかた] □の　中に　かずを　かきましょう。

(30てん) 1つ10

(1) 115 — 116 — □ — 118 — □ — 120

(2) 62 — □ — □ — 59 — 58 — □

(3) 50 — 60 — □ — 80 — □ — □

4 [かずの　大小《だいしょう》] 大《おお》きい　ほうに　○を　かきましょう。

(40てん) 1つ10

(1)

□	60
□	59

(2)

□	76
□	86

(3)

□	49
□	47

(4)

□	89
□	90

15

大《おお》きな　かず ②

月　日

シール

〈じかん〉20 ぷん

〈ごうかく〉80 てん

〈とくてん〉 /100

こたえ→べっさつ5ページ

1 [大《おお》きい　かずの　たしざん] **30円《えん》　あります。10円　もらうと　なん円に　なりますか。** (10てん)しき5，こたえ5

しき ＿＿＿＿＿＿＿＿

こたえ ＿＿＿＿＿＿

2 [大きい　かずの　ひきざん] **70円　あります。20円　つかうと　のこりは　なん円に　なりますか。**

(10てん)しき5，こたえ5

しき ＿＿＿＿＿＿＿＿

こたえ ＿＿＿＿＿＿

たいせつ **3** [大きい　かずの　けいさん] **けいさんを　しましょう。**

(30てん)1つ5

(1) 20＋40　　(2) 50＋30

(3) 10＋90　　(4) 60－40

(5) 80－50　　(6) 100－50

ふくしゅうのポイント!

大きな数の計算は，10のまとまりがいくつあるか，10のまとまりとあといくつになるか，ということに着目して計算しましょう。

4 ［大《おお》きい　かずの　たしざん］ **50円《えん》　あります。2円　もらうと　なん円に　なりますか。** (10てん)しき5，こたえ5

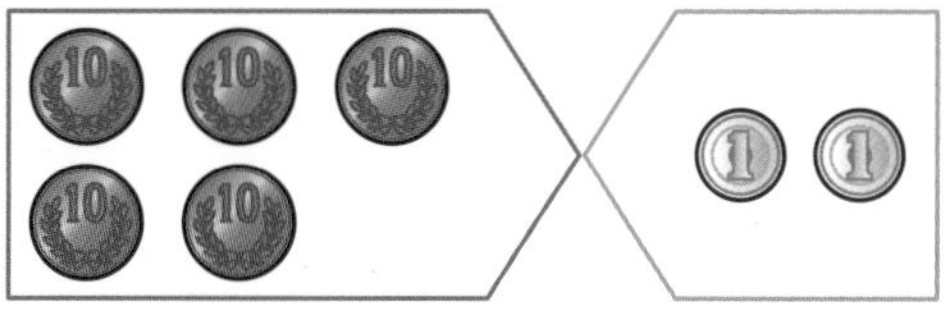

しき ____________________

こたえ ____________________

5 ［大きい　かずの　ひきざん］ **35円　あります。5円　つかうと　のこりは　なん円に　なりますか。**

(10てん)しき5，こたえ5

しき ____________________

こたえ ____________________

たいせつ **6** ［大きい　かずの　けいさん］ **けいさんを　しましょう。**

(30てん)1つ5

(1) 40＋7　　(2) 12＋3

(3) 61＋8　　(4) 76－6

(5) 18－2　　(6) 39－4

16 とけい

月　日

シール

〈じかん〉20ぷん

〈ごうかく〉80てん

〈とくてん〉 /100

こたえ→べっさつ6ページ

たいせつ 1 [とけい] とけいを　よみましょう。(30てん)1つ5

(1)

(　　　　)

(2)

(　　　　)

(3)

(　　　　)

(4)

(　　　　)

(5)

(　　　　)

(6)

(　　　　)

2 [とけい] ながい　はりを　かきましょう。(30てん)1つ10

(1) 10じ

(2) 2じはん

(3) 5じ20ぷん

ふくしゅうのポイント!

短い針は何時，長い針は何分を表します。
時計の１目もりが１分を表すことを理解させます。

3 ［とけい］ せんで　むすびましょう。（30てん）1つ10

4 ［とけい］ 8 じ 50 ぷんの　とけいに　○を　かきましょう。（10てん）

（　　　　）（　　　　）（　　　　）

17 せいりの　しかた

月　　日

シール

〈じかん〉20 ぷん

〈ごうかく〉80 てん

〈とくてん〉

／100

こたえ→べっさつ6ページ

1 [かずの　あらわしかた] **どうぶつの　かずだけ　いろを　ぬり，□に　かずを　かきましょう。**

(40てん)1つ10

犬《いぬ》	ねこ	うさぎ	くま

□　□　□　□

ふくしゅうのポイント!

ものの数を分類・整理し，図を使って，それぞれの数量の特徴を考えます。

たいせつ **2** [かずの　あらわしかた] **くだものの　かずを　しらべましょう。** (60てん)1つ15

(1) くだものの　かずだけ　いろを　ぬりましょう。

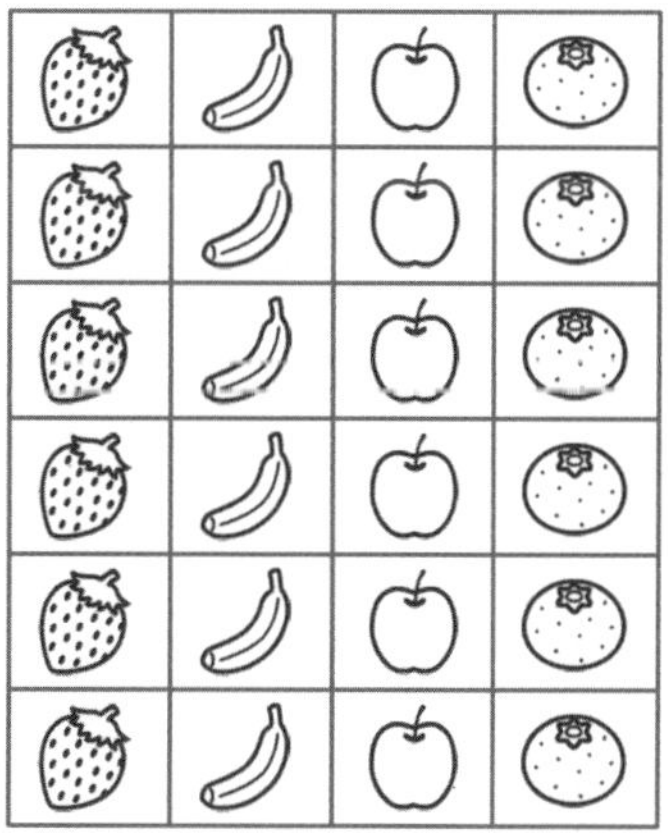

(2) いちばん　おおい　くだものは　どれでしょう。

(3) いちばん　すくない　くだものは　どれでしょう。

(4) りんごと　バナナでは　どちらが　おおいでしょう。

18 たしざん・ひきざん ③

月　日

シール

〈じかん〉25 ふん

〈ごうかく〉80 てん

〈とくてん〉 /100

こたえ → べっさつ6ページ

1 [おおい　ほう] けんじさんは　あめを　8こ　かいました。ゆうこさんは，けんじさんより　3こ　おおく　かいました。ゆうこさんは　なんこ　かったでしょう。(10てん)しき5，こたえ5

しき

こたえ

2 [すくない　ほう] 白《しろ》い　ねこが　12ひき　います。くろい　ねこは，白い　ねこより　4ひき　すくないです。くろい　ねこは　なんびき　いるでしょう。(10てん)しき5，こたえ5

しき

こたえ

3 [たしざん・ひきざん] チョコレートを　6こ　もって　います。ともだちから　4こ　もらって，おねえさんに　3こ　あげました。チョコレートは，いま　なんこ　あるでしょう。(20てん)しき10，こたえ10

しき

こたえ

ふくしゅうのポイント!

もとにしている数より「いくつ多い」はたし算,「いくつ少ない」はひき算で求めます。4は，人数を順序数に置き換えて，「7 人」を「7 番目」と考えます。

たいせつ **4** [なんばんめ] **子《こ》どもが　15 人《にん》　1 れつに　ならんで　います。みどりさんの　まえに　7 人　ならんで　います。** (40てん)(1)20，(2)しき10，こたえ10

(1) みどりさんは　まえから　なんばんめでしょう。

(2) みどりさんの　うしろには　なん人　いるでしょう。

しき

こたえ

5 [ものと　人《ひと》の　かず] **クッキーが　17 こ　あります。5 人が　1 こずつ　たべます。クッキーは　なんこ　のこるでしょう。** (20てん)しき10，こたえ10

しき

こたえ

19

しあげテスト

月　日

〈じかん〉30ぷん

〈ごうかく〉80てん

〈とくてん〉　/100

シール

こたえ→べっさつ7ページ

1 [たしざんと　ひきざん] けいさんを　しましょう。

(42てん) 1つ3

(1) 3+5　　(2) 0+2

(3) 6+7　　(4) 10+30

(5) 70+3　　(6) 64+4

(7) 8−3　　(8) 5−5

(9) 16−7　　(10) 40−20

(11) 96−6　　(12) 57−1

(13) 9+1+7　　(14) 10−4−2

2 [たしざんの　もんだい] **ジャムパンが　3こ，メロンパンが　9こ　あります。パンは　あわせて　なんこ　ありますか。** (5てん)しき3，こたえ2

しき ＿＿＿＿＿＿＿＿＿＿

こたえ ＿＿＿＿＿＿＿＿

3 [ひきざんの　もんだい] **ねこが　5ひき，犬《いぬ》が　12ひき　います。どちらが　なんびき　おおいですか。** (5てん)しき3，こたえ2

しき ＿＿＿＿＿＿＿＿＿＿

こたえ　　　　が　　　　ひき　おおい。

4 [かたち] **たかく　つめる　かたちに　○を　かきましょう。** (8てん)

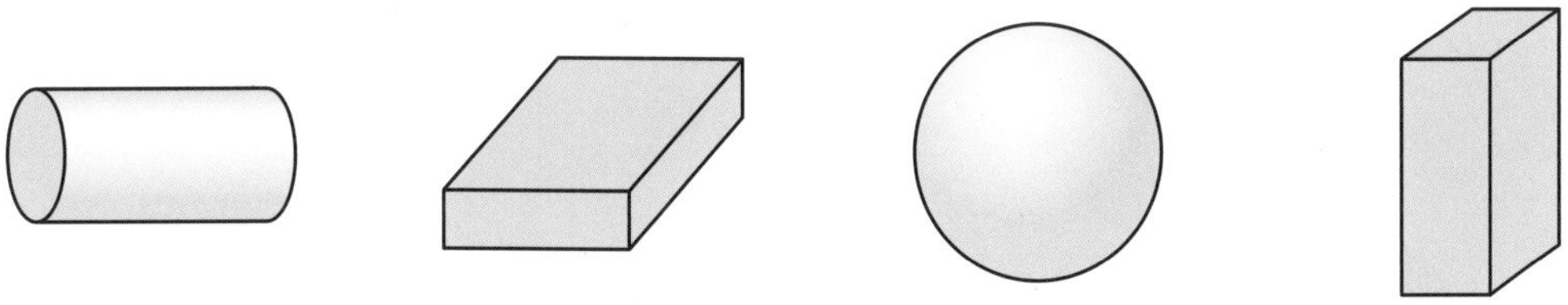

(　　　)　(　　　)　(　　　)　(　　　)

5 ［くらべかた］ えを　見《み》て　ながい　じゅんに　きごうを　かきましょう。（10てん）

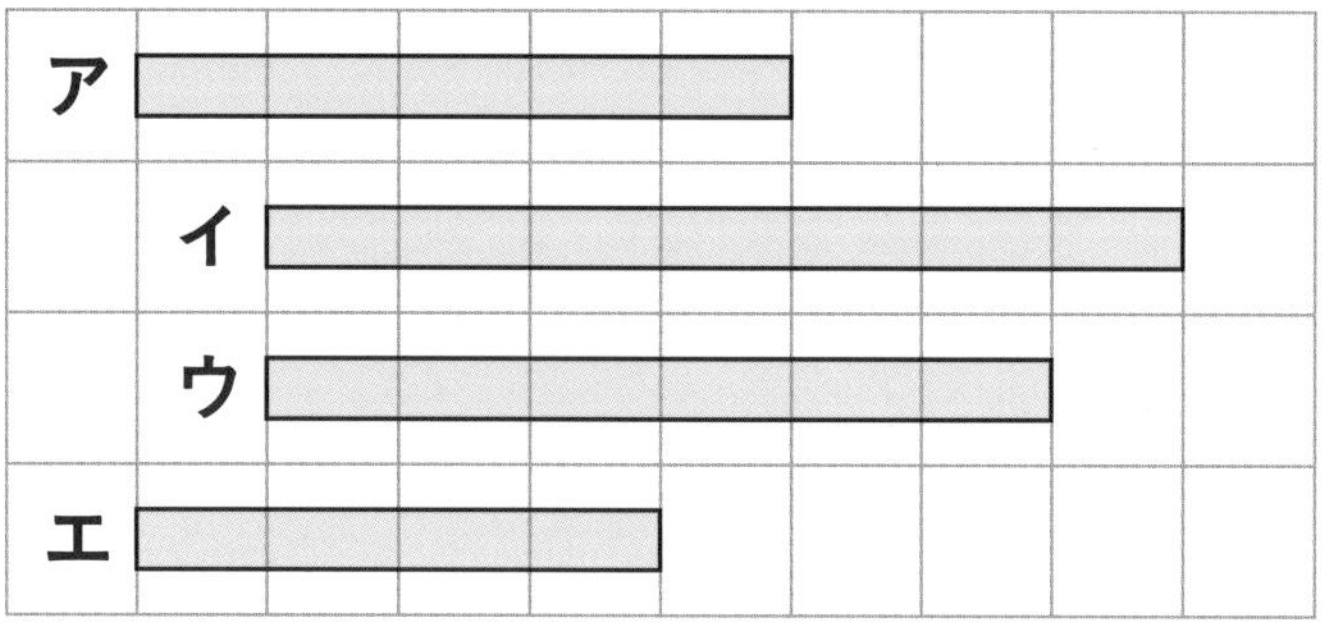

ながい（　　）→（　　）→（　　）→（　　）みじかい

6 ［とけい］ なんじなんぷんですか。（10てん）1つ5

(1)

（　　　　　）

(2)

（　　　　　）

7 ［せいりの　しかた］ おかしの かずだけ　いろを　ぬり，□に　かずを　かきましょう。

（20てん）1つ5

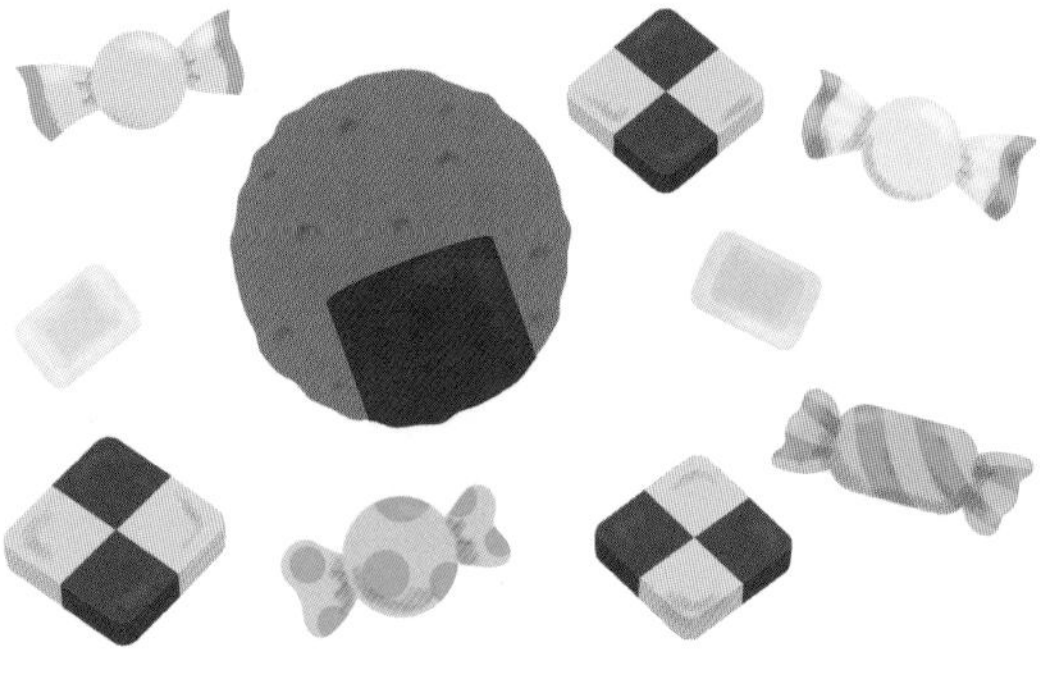

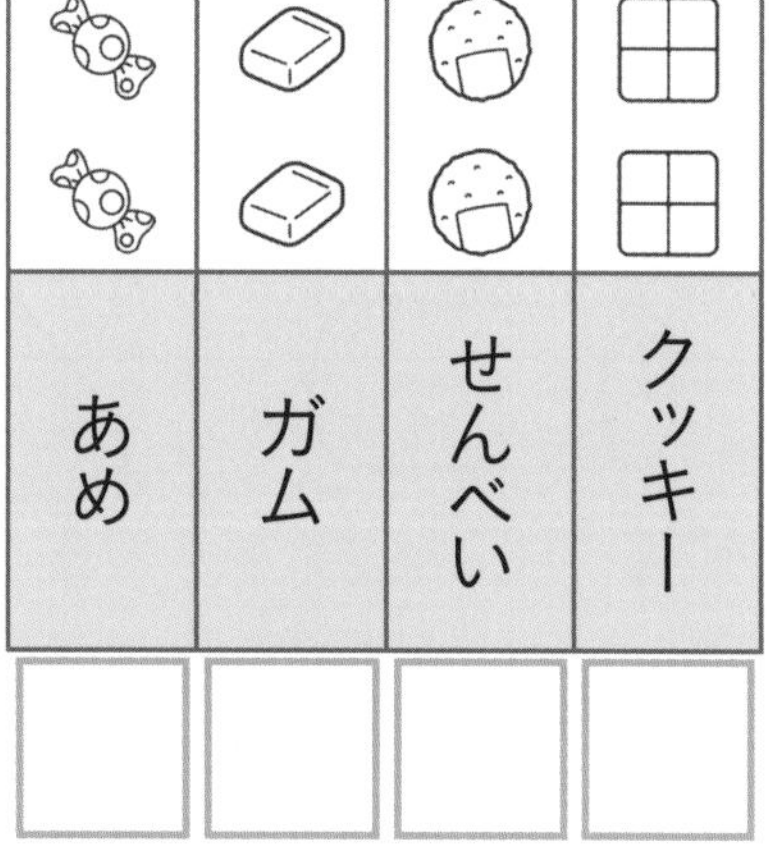

せいかつ

はじめに

がっこうには　どんな　へやが　あるかな。きせつに　よって　できる　あそびや　ようすは　どう　かわるかな。いきものや　しょくぶつに　ついても　まなびましょう。

1 がっこうを　たんけんしよう

月　日

シール

〈じかん〉20 ぷん

〈ごうかく〉80 てん

〈とくてん〉 /100

こたえ→べっさつ8ページ

たいせつ **1** [がっこうたんけん] **つぎの　ひとが　いる　へやは　どれですか。—— で　むすびましょう。** (36てん) 1つ12

(1) こうちょう せんせい

あ

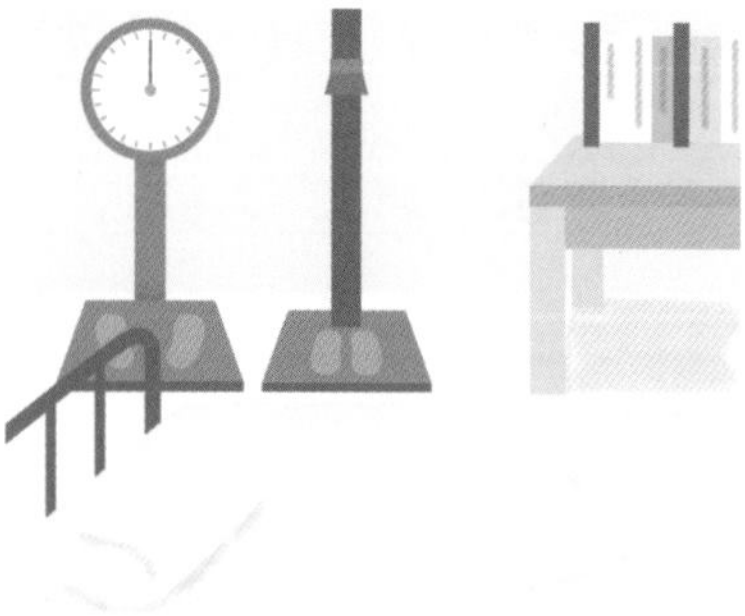

(2) ほけんの せんせい

い

(3) きゅうしょくを つくる　ひと

う

ふくしゅうのポイント!

- 学校にはいろいろな部屋があります。
- みんなで楽しく遊ぶためには，きまりを守ることが大切です。

2 [みんなで　あそぼう] **つぎの　えは，がっこうや　こうえんで　あそんで　いる　ようすです。ゆうぐや　どうぐ，ばしょの　なまえを　したの　□　から　えらび，かきましょう。** (64てん) 1つ16

(1) (　　　　　　)

(2) (　　　　　　)

(3) (　　　　　　)

(4) (　　　　　　)

のぼりぼう	ぶらんこ	じゃんぐるじむ
すべりだい	ぼおる	すなば

2 はるから なつへ

月　日

シール

〈じかん〉20ぷん

〈ごうかく〉80てん

〈とくてん〉　/100

こたえ→べっさつ8ページ

たいせつ **1** [たねまきを　しよう] **あさがおの　たねを　まく　とき，どの　じゅんばんに　まきますか。(　)に　1，2，3，4の　ばんごうを　かきましょう。**

(52てん) 1つ13

(1) (　　　)

つちに　あなを　あける。

(2) (　　　)

たねに　つちを　かける。

(3) (　　　)

たねを　まく。

(4) (　　　)

みずを　やる。

あさがおの　たねを　まく　あなは，たねの　3つぶんくらいの　ふかさに　すると　いいよ。

ふくしゅうのポイント！

- 種をまいたあと，水をやることが大切です。
- まいた種からは，芽が出て，子葉が出てきます。
- めあてをもって，夏休みを過ごしましょう。

2 ［うれしい　なつやすみ］**なつに　できる　あそびの　なまえを　したの　□　から　えらび，かきましょう。**（48てん）１つ12

(1)（　　　　　　　　）

(2)（　　　　　　　　）

(3)（　　　　　　　　）

(4)（　　　　　　　　）

むしとり	かくれんぼ	はなび
すいかわり	すいえい	かけっこ

3 いきものを　さがそう

シール

月　日

〈じかん〉20ぷん　〈ごうかく〉80てん　〈とくてん〉　/100

こたえ→べっさつ8ページ

たいせつ **1** [むしを　さがそう] **むしには　○を，むしでは　ない　ものには　×を　つけましょう。**（60てん）1つ10

(1) あり（　　）

(2) はむすたあ（　　）

(3) あひる（　　）

(4) ばった（　　）

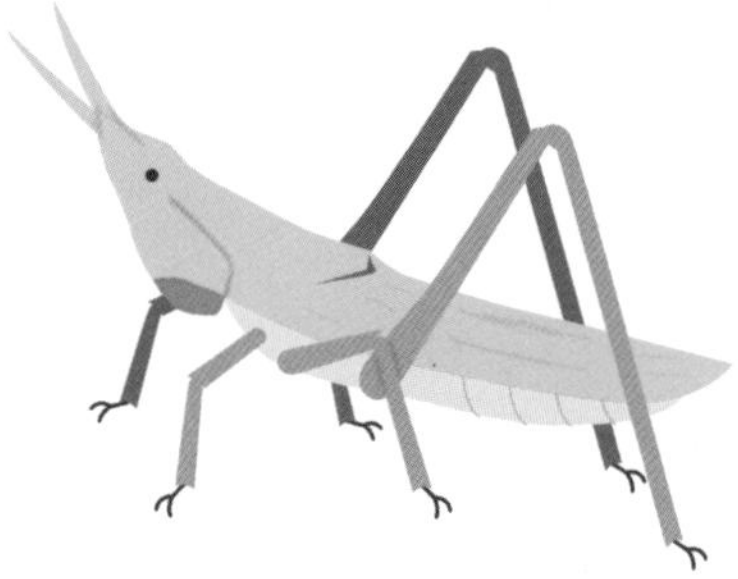

(5) きんぎょ（　　）

(6) とんぼ（　　）

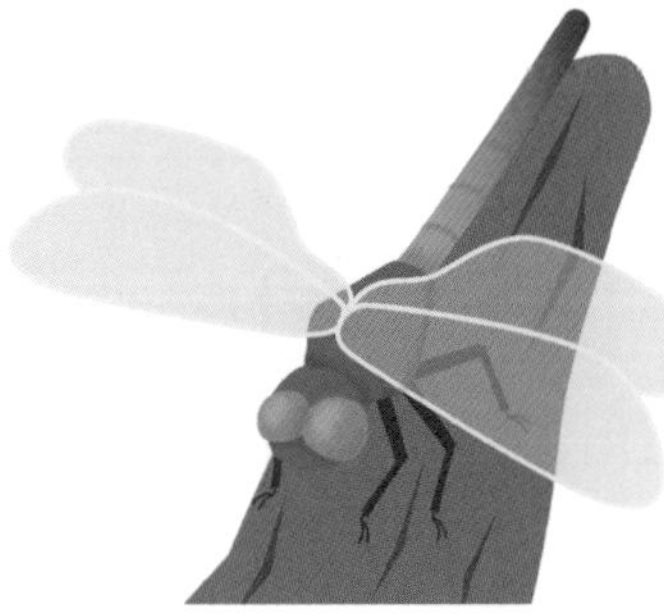

ふくしゅうのポイント!

- 生き物となかよくして，世話をしてみましょう。
- 身のまわりにいる生き物を探してみましょう。

2 [いきものを　みつけよう] **つぎの　いきものや　たまごが　よく　みられる　きせつは　いつですか。——で　むすびましょう。** (40てん) 1つ10

(1) こおろぎ

・　　　　・ はる

(2) みつばち

・　　　　・ なつ

(3) みんみんぜみ

・　　　　・ あき

(4) おおかまきりの　たまご

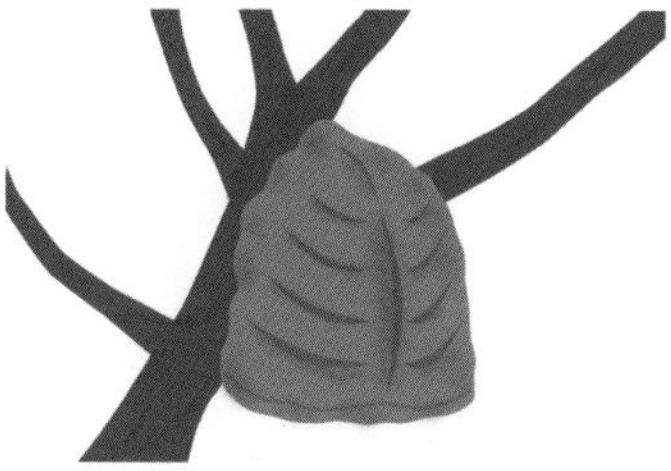

・　　　　・ ふゆ

4 あきが　きたよ

月　　日

シール

〈じかん〉20ぷん

〈ごうかく〉80てん

〈とくてん〉　　/100

こたえ→べっさつ8ページ

たいせつ **1** [はっぱの　いろが　かわったよ] **あきには，はっぱの　いろが　かわります。つぎの　はっぱに　あきの　ときの　いろを　ぬりましょう。**(18てん)1つ9

(1) イチョウ

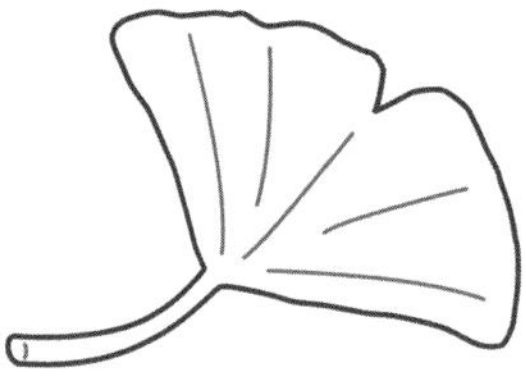

(2) カエデ(モミジ)

2 [はっぱで　あそぼう] **おちばを　つかって　つくって　いる　ものには　○を，おちばいがいの　ものを　つかって　つくって　いる　ものには　×を　つけましょう。**(28てん)1つ7

(1) こま(　　　)

(2) おめん(　　　)

(3) マラカス(　　　)

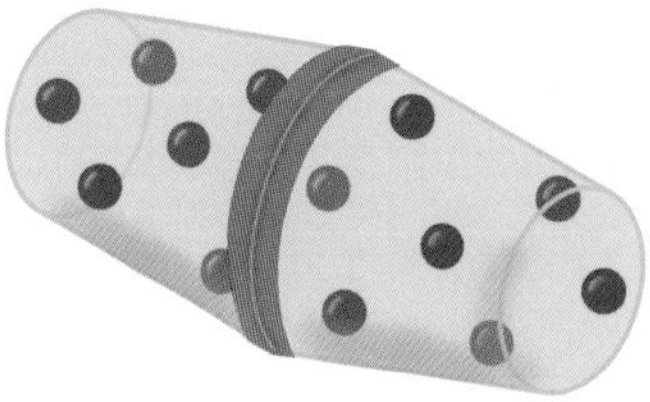

(4) かんむり(　　　)

ふくしゅうのポイント!

- 落ち葉や木の実で，いろいろな遊びができます。
- 秋になると，町や公園のようすが変化してきます。

3 ［あきを　さがそう］**あきに　見《み》られる　ようすには　○を，見られない　ようすには　×を　つけましょう。**（54てん）1つ9

(1)（　　　）

(2)（　　　）

(3)（　　　）

(4)（　　　）

(5)（　　　）

(6)（　　　）

5 じぶんで　できるよ

シール

月　　日

〈じかん〉20ぷん　〈ごうかく〉80てん　〈とくてん〉　／100

こたえ→べっさつ9ページ

1 [いえの　おてつだいが　できるよ] **つぎの　えは，ともだちが　おてつだいを　して　いる　ようすです。（　）に　あてはまる　ことばを　下《した》の　□　から　えらび，かきましょう。**（52てん）1つ13

(1)（　　　　　　　　）を　あらう。

(2) 花《はな》に（　　　　　　　　）を　やる。

(3)（　　　　　　　　）を　たたむ。

(4)（　　　　　　　　）を　ふく。

水《みず》	うわばき	ゆか	しょっき
ふく	かいもの	まど	ぞうきん

ふくしゅうのポイント！

- 家の仕事でできることをしてみましょう。
- １日の流れを理解し，正しくあいさつできるようにしましょう。

たいせつ **2** ［１日《にち》の　ながれを　ふりかえろう］ **つぎの　えは，学校《がっこう》から　かえって　きてから　ねるまでに　する　あいさつです。どの　じゅんばんで　しますか。（　）に　1，2，3，4の　ばんごうを　かきましょう。** （48てん）１つ12

⑴ ただいま。

（　　）

⑵ おやすみなさい。

（　　）

⑶ ごちそうさまでした。

（　　）

⑷ いただきます。

（　　）

6 ふゆが　きたよ

月　　日

シール

〈じかん〉20 ぷん

〈ごうかく〉80 てん

〈とくてん〉　/100

こたえ→べっさつ9ページ

1 [ふゆの　あそび] **ゆきを　つかった　あそびには　○を，こおりを　つかった　あそびには　△を　つけましょう。**(60てん) 1つ10

(1)（　　　）

(2)（　　　）

(3)（　　　）

(4)（　　　）

(5)（　　　）

(6)（　　　）

ふくしゅうのポイント!

- 冬の寒さに負けず，外で元気に遊びましょう。
- 季節によって，できることが違います。できるだけ多くの体験をしてみましょう。

たいせつ **2** ［たのしい　ふゆ休《やす》み］**ふゆに　できる　ことには　○を，ふゆいがいに　できる　ことには　×を　つけましょう。** (40てん) 1つ10

(1) (　　　　)

(2) (　　　　)

(3) (　　　　)

(4) (　　　　)

1年《ねん》を　ふりかえって，ふゆに　した　ことを　おもい出《だ》して　みよう。

7

しあげテスト

月　日

シール

〈じかん〉15 ふん

〈ごうかく〉80 てん

〈とくてん〉 /100

こたえ → べっさつ9ページ

たいせつ **1** [こうえんに　いこう] **こうえんの　やくそくを　まもって　いる　ともだちには　○を，まもって　いない　ともだちには　×を　つけましょう。**(36てん) 1つ12

(1)（　　　）

(2)（　　　）

(3)（　　　）

2 [むかしからの　あそび] **あそびの　名《な》まえを　下《した》の □ から　えらび，かきましょう。**(64てん) 1つ16

(1)（　　　）

(2)（　　　）

(3)（　　　）

(4)（　　　）

お手《て》玉《だま》　あやとり　たこあげ　けん玉

6 つぎの 文《ぶん》しょうを よんで、あとの といに こたえましょう。

（40てん）一つ20

「先生《せんせい》、ちがうよ」

のむらくんが、かたで いきを しながら いいました。

「ぼく、見《み》てたんだ。たかしくんの ほうが、ぼくより いっしゅん はやく、テープに むねが とどいたんだ。だから たかしくんが 一《いっ》とうしょうだよ」

たかしは びっくりしました。ゴールインの しゅんかん、あんなに くるしかったのに、のむらくんは、きちんと たかしを 見て いて くれたのです。そればかりか、一とうしょうは たかしなのだと、しょうじきに おしえて くれました。のむらくんって なんて かっこいいんだろうと、たかしは おもいました。

「ありがとう」

そう いって、たかしは のむらくんに 手《て》を さしだしました。のむらくんは、すこし てれくさそうに その 手を にぎりました。


（狩生玲子《かりうれいこ》「きみが 一とうしょう」）

たいせつ

(1) 【りゆう】たかしが、のむらくんを かっこいいと おもったのは なぜですか。

（　　）

(2) 【気《き》もち】「ありがとう」と いわれた のむらくんは どんな 気もちに なりましたか。

（　　）

3

【かん字《じ》を かく】つぎの □に かん字を かきましょう。（24てん）一つ3

(1) □□《おおあめ》が ふる。

(2) □□《なまえ》を かく。

(3) □□《でぐち》に むかう。

(4) □□□《みかづき》が □《み》える。

(5) □□□《ごえんだま》を あつめる。

(6) □□《きゅうじつ》に □□《くさばな》を つむ。

4

【まちがえやすい かん字】ふとい ところは なんばん目《め》に かきますか。すう字で かきましょう。（8てん）一つ2

(1) 女（　　）

(2) 上（　　）

(3) 耳（　　）

(4) 車（　　）

5

【かくすう】つぎの かん字は なんかくで かきますか。すう字で かきましょう。（8てん）一つ2

(1) 水（　　）かく

(2) 糸（　　）かく

(3) 出（　　）かく

(4) 年（　　）かく

19 しあげテスト

〈じかん〉30ぷん 〈ごうかく〉80てん 〈とくてん〉 /100

月　日

シール

こたえ↓べっさつ15ページ

1 【ひらがなの 文《ぶん》】正《ただ》しい ほうを えらんで、きごうに ○を つけましょう。（8てん）一《ひと》つ2

(1) いすに ｛ア すわる。 イ しめる。｝

(2) 気《き》もちを ｛ア あらわす。 イ つたわる。｝

(3) ｛ア くるしい イ すずしい｝ 風《かぜ》が ふく。

(4) ｛ア べたべた イ つるつる｝ すべる。

2 【かたかなの かたち】つぎの ひらがなを かたかなに かきなおしましょう。（12てん）一つ2

(1) とらんぷ

(2) ばすけっと

(3) おーすとらりあ

(4) しゅーくりーむ

(5) はーもにか

(6) とらんぺっと

2 つぎの　しを　よんで、あとの　といに　こたえましょう。

トランポリン　　いけ田《だ》　もと子《こ》

くもの　すで
あめつぶぼうやが
トランポリン

くもと　いっしょに
トランポリン
かぜも　いっしょに
トランポリン

(1) 【ばめん】トランポリンに　なって　いる　ものは　なんですか。（10てん）

（　　　　）

たいせつ

(2) 【ばめん】トランポリンを　して　いる　ものは　なんですか。三《みっ》つ　かきましょう。（30てん）一《ひと》つ10

（　　　　）
（　　　　）
（　　　　）

(3) 【ようす】この　しの　ようすと　して　正《ただ》しい　ほうを　えらび、きごうで　こたえましょう。（10てん）

（　　）

ア　くもや　かぜが　たのしそうに　あそんで　いる　ようす。

イ　あまつぶの　ついた　くもの　すが　かぜに　ゆれて　いる　ようす。

18 しを よむ

シール

ふくしゅうのポイント！
- 詩のリズムを味わいます。
- 様子を思いうかべながら読みます。
- 心が強く動いた部分を読み取ります。

こたえ↓べっさつ15ページ

〈じかん〉20ぷん　〈ごうかく〉80てん
〈とくてん〉　／100
月　日

1 **つぎの　しを　よんで、あとの　といに　こたえましょう。**

ぶどう
こわせ・たまみ

はっぱの　うしろで
むらさきぶどう
おしくらまんじゅう
して　いるな

おさらに　のせても
ふさふさぶどう
おしくらまんじゅう
やめないな

おなかの　なかでも
つやつやぶどう
おしくらまんじゅう
するのかな

(1) 【ばめん】どんな　ぶどうかを　三つ　かきましょう。（30てん）一つ10

（　　　　）ぶどう

（　　　　）ぶどう

（　　　　）ぶどう

(2) 【ようす】「おしくらまんじゅう」は　ぶどうの　どんな　ようすを　いって　いますか。（20てん）

（　　　　　　　　）

(1)【つなぐ ことば】①・②に入《はい》る ことばを つぎから えらび、きごうで こたえましょう。(20てん)一《ひと》つ10

ア だから **イ** でも

ウ つまり **エ** では

①（　　　） ②（　　　）

(2)【ないよう】草や 木のみが いろづくのは なんの あいずですか。(20てん)

（　　　）

(3)【りゆう】みが 土の 上に おちても めばえないのは なぜですか。(20てん)

（　　　）

(4)【ないよう】たねを めばえさせる ためには どんな ことを しなければ いけませんか。(20てん)

（　　　）

(5)【ないよう】やちょうが たねを めばえさせる じゅんに ばんごうを つけましょう。(20てん)

（　）とりが みを たべる。

（　）しょうかされなかった たねが いの 中に のこる。

（　）とりの いの 中で かわや にくが とける。

（　）ふんと いっしょに 土の 上に たねが おちる。

さんすう
せいかつ
こくご

17 せつめい文《ぶん》を よむ ②

シール

ふくしゅうのポイント！
・説明されている内容を正しく読み取ります。
・一つ一つのことがらをきちんと読みます。
・理由に注意しながら読みます。

〈じかん〉20ぷん　〈ごうかく〉80てん　〈とくてん〉　/100　月　日

こたえ↓ べっさつ14ページ

1 **つぎの 文《ぶん》しょうを よんで、あとの といに こたえましょう。**

あきに なると、草《くさ》や 木《き》のみが いっせいに いろづきはじめます。いろづいたのは、中《なか》の たねが じゅくした あいずです。

①、このような みは そのまま 土《つち》の 上《うえ》に おちても めばえません。それは、たねを つつんで いる かわや にくが、めばえを とめる はたらきを して いるからです。たねを めばえさせる ためには、まず、みの かわや にくを すっかり とりのぞかなければ なりません。その やく目《め》を して くれるのが やちょうたちです。

あざやかな いろの みを 見《み》つけて、やちょうが ついばみに きます。この とき とりは、たねも いっしょに のみこんで しまい、とびさって いきます。

とりに たべられた 草や 木のみは、かわや にくが いの 中で とけて しまいます。でも、たねだけは かたい からの おかげで しょうかされずに、（たべものを とりいれやすい かたちに できずに）ふんと いっしょに おとされ、やがて そこで めばえるのです。

②、たねは とりと いっしょに、それだけ とおくまで たびを した ことに なる わけです。

（埴《はに》 沙萠《しゃぼう》「たねの ゆくえ」）

2 **つぎの　文しょうを　よんで、あとの　といに　こたえましょう。**

（60てん）一つ15

ひろい　かわらで、トノサマバッタは、どう　やって　なかまを　見《み》つけるのでしょう。なきごえでしょうか。なかまの　においでしょうか。

　ぼうきれと　つり糸《いと》で、じっけんして　みましょう。くろい　かみで　ぼうを　つつみ、つり糸で　つりさげ、トノサマバッタの　そばに　おいて　みます。すると、バッタの　おすが　ぼうに　とびついて　きます。そして、しっかりと　ぼうを　つかんで　はなれません。

　おすは、くろい　ぼうきれを　バッタの　めすだと　おもって　いるのです。においも、なきごえも　しない　ぼうを　めすと　見まちがえたのです。バッタは、目《め》で　なかまを　見つけます。

（小《お》田《だ》英智《ひでとも》「トノサマバッタ」）

(1) 【ないよう】トノサマバッタは　なにに　よって　なかまを　見つけますか。つぎから　えらび、きごうで　こたえましょう。

（　　）

ア　なきごえを　きいて　見つける。

イ　においを　かいで　見つける。

ウ　目で　見て　見つける。

(2) 【ないよう】(1)の　ことを　しらべる　ために　つかった　ものを　三《みっ》つ　こたえましょう。

（　　）（　　）（　　）

16 せつめい文《ぶん》を よむ ①

シール

ふくしゅうのポイント！
・何について書かれているかを読み取ります。
・文章からわかったことをまとめます。
・話の順序をとらえます。

月　日

〈じかん〉20ぷん　〈ごうかく〉80てん　〈とくてん〉　/100

こたえ↓べっさつ14ページ

1 **つぎの 文《ぶん》しょうを よんで、あとの といに こたえましょう。** （40てん）一《ひと》つ20

ホウセンカは、赤《あか》や むらさき、白《しろ》に ピンクと、さまざまな 色《いろ》の 花《はな》を さかせます。四月《しがつ》から 五月《ごがつ》に たねを うえると、めが 出《で》て ふたばが ひらきます。つぎに ほそながい はの ついた くきが のびて きます。くきは 三〇《さんじゅう》～七〇《ななじっ》センチほどに のびます。そして、六月《ろくがつ》から 八月《はちがつ》に、たくさんの 花を さかせます。花が ちると みが そだち、たねが できます。一つの みには 十《じっ》こほどの たねが 入《はい》って いて、みが ぱちんと さける いきおいで たねは とおくへ はじきとばされます。

(1) [わだい] なにに ついて かかれた 文しょうですか。

（　　　　）の せいちょう

(2) [ないよう] たねを まいた あとに せいちょうする じゅんに ばんごうを つけましょう。

（　）みが そだつ
（　）たねが はじきとぶ
（　）花を さかせる
（　）くきが のびる
（　）めが 出る

2 つぎの 文しょうを よんで、あとの といに こたえましょう。

（50てん）一つ25

よしだ はるかは、うけもちの きむら先生が 大《だい》すき。休《やす》みじかんに なると、だれよりも 先《さき》に はしって いって、先生の うでに りょうてで ぶらさがります。

「はるかちゃんばっかり、ずるいよ」

ほかの ともだちが おこっても、しっかりと つかまって はなれようとは しません。

そこで 先生は、はるかちゃんに いいました。

「先生の ては、二《に》ほんしか ないでしょう。それなのに おともだちは 二十八人《にじゅうはちにん》ですよ。先生の てが、二十八ほんに なるまで、じゅんばんにね」

はるかちゃんは、さびしそうな かおを しました。それでも、ひとりじめして ぶらさがる ことは しなく なったのです。

（宮川《みやかわ》ひろ「二十八ぽんの て」）

たいせつ

(1)【りゆう】ともだちが はるかちゃんの ことを ずるいと いったのは なぜですか。

たいせつ

(2)【ないよう】先生に「てが、二十八ほんに なるまで、じゅんばんにね」と いわれて、はるかちゃんは どう かわりましたか。

15 ものがたりを よむ ②

シール

1 つぎの 文《ぶん》しょうを よんで、あとの といに こたえましょう。（50てん）一《ひと》つ25

まけないぞ。まけるもんか。たかしは ぎゅっと 目《め》を とじました。そして そのまま、たおれこむように、ゴールの テープを むねで きりました。

「どうじに ゴールインね。おめでとう。二人《ふたり》とも 一《いっ》とうしょうよ」

よし田《だ》先生《せんせい》の こえが きこえました。

たかしは コースの うちがわに、ごろりと ねころがりました。二人《ふたり》いっしょに 一とうしょうか。うれしい 気《き》もちと、すこし くやしい 気もちが、はんぶんずつでした。

（狩生玲子《かりうれいこ》「きみが 一とうしょう」）

(1) 【気もち】ゴールに むかって いる ときの たかしの 気もちを ぬき出《だ》しましょう。

（　　　　　　　　　　　　）

(2) 【気もち】「二人とも 一とうしょうよ」と いわれた とき、たかしは どんな 気もちでしたか。

（　　　　　　　　　　　　）

ふくしゅうのポイント！
- 物語のあらすじをとらえます。
- 出来事や言動の理由をとらえます。
- 出来事や人物の気持ちの変化をとらえます。

こたえ↓べっさつ14ページ

〈じかん〉20ぷん　〈ごうかく〉80てん　〈とくてん〉／100　月　日

2 つぎの 文しょうを よんで、あとの といに こたえましょう。

ある 日、ぞうさんの ところに、見た ことの ない うさぎさんが やって きました。

「はじめまして、こんにちは。きょう、この 森《もり》に ひっこして きました。よろしく。」

うさぎさんは、いそがしそうに ぴょん ぴょん はねて、はがきを 四《よん》まい わたしたのです。

「ゆうびんやさん、これを、いそいで 森の みんなに はいたつして ください。」

おや、いつから わたしは、ゆうびんやさんに なったのだろう。

ぞうさんが、のんびり かんがえはじめた ときでした。

「赤《あか》い おうちは ゆうびんやさんでしょ。」

うさぎさんに そう いわれて、ぞうさんは、そうか、それは すてきだなと おもいました。

（かわきたりょうじ「のんびり森の ぞうさん」）

(1) 【ようす】うさぎさんは なにを どこへ もって きましたか。（20てん）一つ10

なにを （　　　）

どこへ （　　　）

(2) 【気《き》もち】うさぎさんが ぞうさんを ゆうびんやさんだと おもったのは なぜですか。（20てん）

（　　　）

14 ものがたりを よむ ①

シール

ふくしゅうのポイント！

・物語に出てくる人物をとらえます。
・物語の場面の様子や出来事をとらえます。
・人物の気持ちをとらえます。

月　日

〈じかん〉20ぷん　〈ごうかく〉80てん　〈とくてん〉　/100

こたえ↓べっさつ13ページ

1 **つぎの 文《ぶん》しょうを よんで、あとの といに こたえましょう。**

ある 日《ひ》、
トーンカッカ
トーンカッカ
竹《たけ》の わを はめて いると、どうした ことか 竹が はじけて、おけやは ぽうんと くもの 上《うえ》まで とばされて しまった。
「あれ、まあ。ここは どこやろ。」
ふと 見《み》ると、そばに たいこだの かがみだのを もった かみなりが いる。

（川村《かわむら》たかし「天《てん》に のぼった おけや」）

(1) 【ようす】「トーンカッカ」は、だれが なにを して いる 音《おと》ですか。（20てん）一《ひと》つ10

（　　　）が（　　　）音。

(2) 【できごと】おけやが とばされた ところは どこですか。（20てん）

（　　　）

(3) 【でて きた 人《ひと》】おけやは、だれに あったのですか。（20てん）

（　　　）

2 つぎの 文しょうを よんで、あとの といに こたえましょう。

水《すい》ようびの たいいくの じかんに、わたしは はじめて さかあがりに ちょうせんしました。いきおいを つけて やって みましたが、うまく まわる ことが できませんでした。できなかった ことを いえで はなすと、おねえちゃんが とっくんを して あげると いって くれました。それで まい日《にち》 こうえんで れんしゅうを する ことに なったのです。

　おねえちゃんは 三《みっ》つの こつを おしえて くれました。うでを ぐっと ひきつける こと、おもいきって 足《あし》を けりあげる こと、おへそを 見るように まわる こと。これが さかあがりの こつです。そして、一《いっ》しゅうかん とっくんを つづけた けっか、ついに わたしは さかあがりが できるように なりました。

(1) 【できごと】なんの ことを かいた 文しょうですか。つぎから えらび、きごうで こたえましょう。(10てん)

（　　）

ア さかあがり　**イ** おねえちゃん　**ウ** 一しゅうかん

(2) 【ないよう】さかあがりの こつを 三つ かきましょう。(60てん)一つ20

13 せいかつ文《ぶん》を よむ

シール

ふくしゅうのポイント！
・生活文に書かれている出来事や気持ちを読み取ります。
・事実とその理由を正しく理解します。

〈じかん〉20ぷん 〈ごうかく〉80てん 〈とくてん〉 /100

月 日

こたえ↓べっさつ13ページ

1 つぎの 文《ぶん》しょうを よんで、あとの といに こたえましょう。（30てん）一《ひと》つ10

きょう、ぼくは はいしゃに いきました。学校《がっこう》の はの けんさで 虫《むし》ばが 見《み》つかったからです。

ぼくは、まいあさ きちんと はを みがいて いました。でも、よるは ねむく なって、そのまま ねて しまう ことも ありました。だから、虫ばが できて しまったのです。はいしゃで、はを けずられるのは、とても こわかったです。これからは、あさばん きちんと はを みがこうと おもいます。

(1) 【できごと】「ぼく」は きょう どこへ いきましたか。

（　　　　）

(2) 【りゆう】「ぼく」が はを みがかない ことが あったのは なぜですか。

（　　　　）

たいせつ

(3) 【気《き》もち】はを けずられる とき、「ぼく」は どんな 気もちでしたか。

（　　　　）

2 つぎの　にっきを　よんで、あとの　といに　こたえましょう。

八月二《に》十一《じゅういち》日　日よう日　はれ

やつがたけの　ぼくじょうで、うまに　のりました。のって　いる　とき、すずしくて　たのしかったです。

うまから　おりた　とき、「ありがとう。」と　いって、くびを　なでて　あげました。

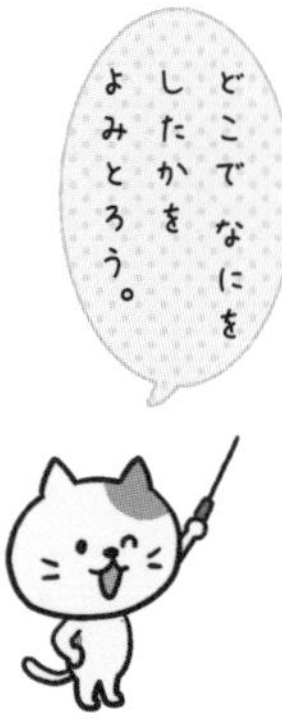

(1)【できごと】どんな　できごとに　ついて　かいて　いますか。（20てん）一つ10

（　　　）の　ぼくじょうで、うまに（　　　）こと。

たいせつ

(2)【気《き》もち】(1)の　とき、どのような　気もちに　なりましたか。（10てん）

（　　　　　　）

(3)【かいわ文《ぶん》】「ありがとう。」は　だれに　いったのですか。つぎから　えらび、きごうで　こたえましょう。（10てん）

（　　）

ア　うま　**イ**　わたし　**ウ**　ぼくじょうの　人《ひと》

12 にっきを よむ

シール

ふくしゅうのポイント！

・日記に書かれている出来事や気持ちを読み取ります。
・言葉のつながりを正しく理解します。

〈じかん〉20ぷん　〈ごうかく〉80てん　〈とくてん〉　/100　月　日

こたえ↓べっさつ13ページ

1 つぎの　にっきを　よんで、あとの　といに　こたえましょう。（60てん）一《ひと》つ15

七月十八日《しちがつじゅうはちにち》　月《げつ》よう日《び》　はれ

きょうは、かぞくで　花火大《はなびたい》かいに　いきました。

花火が　ドカーンと　上《あ》がる　たびに、花のような　かたちに　なりました。とても　きれいでした。そして、どの　花火も、さいごは　ほしのように　なりました。

(1)【いつ】いつの　にっきですか。
（　　月　　日）

(2)【できごと】どこに　いきましたか。
（　　　　）

(3)【だれと】(2)へは、だれと　いきましたか。
（　　　　）

(4)【ようす】花火は　さいごに　どのように　なりましたか。
（　　　　）

3 ［「、」や「。」］つぎの □ に「、」か「。」を つけましょう。

（25てん）一つ5

	出《で》		じ	た	て	さ	し
あ	て	ひ	め	り	い	が	ょ
り	き	げ	ん	は	ま	し	う
が	ま	の	に	な	す	て	□
□	し	さ	く	し	□	い	
す	た	き	っ	た	な	る	
か	□	を	つ	り	に	の	
ら		□	け	し	を	で	

4 ［「」を つける］つぎの 文に「　」を つけましょう。

（45てん）一つ15

⑴ おかえりなさい。　と　おとうさんに　いいました。

⑵ せんせいが　よーい、どん。　と　いいました。

⑶ おとうとが　その　いちご、あまい。　と　ききました。

11 てん（、）・まる（。）・かぎ（「」）を つかう

シール

〈じかん〉20ぷん　〈ごうかく〉80てん　〈とくてん〉　／100

月　日

ふくしゅうのポイント！
- てんのつけ方とその役目を身につけます。
- まるのつけ方とその役目を身につけます。
- かぎのつけ方とその役目を身につけます。

こたえ↓べっさつ12ページ

1 ［「。」を つける］ つぎの 文《ぶん》しょうに 「。」を 五《いつ》つ つけましょう。 （15てん）一《ひと》つ3

きのう　うみへ　いきました
水《みず》が　とても　つめたくて　びっく
りしました
いもうとと　いっしょに　すなはま
で　大《おお》きな　山《やま》を　つくりました　そ
の　あと　貝《かい》がらで　かざりつけを
しました
とても　たのしい　一日《いちにち》でした

2 ［「、」を つける］ つぎの 文に 「、」を 一つ つけましょう。 （15てん）一つ5

⑴ にわとりが　たまごを　うんだ。

⑵ ぼくは　一りん車《しゃ》に　のれるように　なった。

⑶ かぜを　ひいたので　学校《がっこう》を　休《やす》んだ。

たいせつ

3

［文をつくる］上《うえ》と 下《した》が あうように せんで むすんで 文を つくりましょう。（30てん）一つ5

上	下
(1) 車《くるま》に ・	・ つくりました。
(2) ねこが ・	・ のりました。
(3) ケーキを ・	・ ねて いました。
(4) あしたは ・	・ いきました。
(5) ぼうしを ・	・ えん足《そく》です。
(6) 本やへ ・	・ かぶりました。

4

［文をつくる］つぎの えを 見《み》て 文を つくりましょう。（30てん）一つ6

(1) 犬《いぬ》が（　　　）。

(2)（　　　）ぶらんこに（　　　）。

(3) 木《き》で（　　　）ないて いる。

(4) 花《はな》が（　　　）。

10 文《ぶん》を つくる

シール

1 「を・は・へ」つぎの 文《ぶん》の □に、「を」「は」「へ」の どれかを 入《い》れましょう。（20てん）一《ひと》つ5

(1) ぼく□ 小学生《しょうがくせい》です。

(2) 学校《がっこう》□ いく。

(3) ともだち□ さそう。

(4) 大《おお》きな こえで 本《ほん》□ よむ。

ふくしゅうのポイント！
- 「を・は・へ」を使えるようにします。
- 言葉のつながりを身につけます。
- 自分で文を書けるようにします。

2 「を・は・へ」つぎの 文《ぶん》の かきかたで まちがって いる ものには ×を つけて、正《ただ》しく かきなおしましょう。（20てん）一つ5

(1) わたしわ、ランドセルお だいじに つかって いる。

(2) 山《やま》え きのこお とりに いく。

「お・わ・え」と「を・は・へ」を つかいわけよう。

こたえ↓べっさつ12ページ

〈じかん〉20ぷん　〈ごうかく〉80てん　〈とくてん〉　/100　月　日

たいせつ

3

【かん字の　ひつじゅん】ふとい　ところは　なんばん目《め》に　かきますか。すう字で　かきましょう。（16てん）一つ4

(1) 入（　）（　）

(2) 右（　）（　）

(3) 九（　）（　）

(4) 左（　）（　）

4

【かくすう】つぎの　かん字は　なんかくで　かきますか。すう字で　かきましょう。（10てん）一つ5

(1) 男（　）かく

(2) 気（　）かく

5

【まちがえやすい　かん字】つぎの　文《ぶん》の　なかで　まちがった　かん字が　一つ　あります。×を　つけて、正しく　かきなおしましょう。（30てん）一つ6

(1) にわに　早花を　うえる。

(2) ぼくは　字校が　すきだ。

(3) 白い　大を　かって　いる。

(4) 小さな　王が　ころがる。

(5) あしたは　金よう目だ。

9 ひつじゅんと かくすう、まちがえやすい かん字《じ》

シール

1

【かん字《じ》の ひつじゅん】つぎの かん字の ひつじゅんが 正《ただ》しい ほうに、○を つけましょう。（12てん）一《ひと》つ4

(1) 車
1 一 冂 冃 亘 車
2 一 十 市 亩 車

(2) 出
1 丨 十 中 出 出
2 ㇗ 凵 中 出 出

(3) 女
1 く 女 女
2 一 𠂇 女

2

【かたちの にた かん字】つぎの □に かん字を かきましょう。（32てん）一つ4

(1) □《き》の 下《した》で □《ほん》を よむ。

(2) かごの □《なか》の □《むし》。

(3) □《かい》がらを □《み》せる。

(4) □《しろ》い □《ひ》がさ。

ふくしゅうのポイント！
- 正しい筆順を身につけます。
- 間違えやすい筆順の漢字に注意します。
- よく似た形の漢字に気をつけます。

こたえ↓べっさつ12ページ

〈じかん〉20ぷん 〈ごうかく〉80てん
〈とくてん〉 /100
月 日

3 【はんたいの　いみの　かん字】

つぎの　ことばの　はんたいの　いみの　かん字を　かきましょう。（30てん）一つ5

(1) 上 ↔ □

(2) 左 ↔ □

(3) 女 ↔ □

(4) 入る ↔ □る

(5) 小さい ↔ □きい

(6) すわる ↔ □つ

たいせつ

4 【おくりがな】

つぎの　――を　ひいた　ことばを、かん字と　おくりがなで　かきましょう。（25てん）一つ5

(1) 赤《あか》ちゃんが　<u>うまれる</u>。（　　）

(2) あさ　<u>はやく</u>　おきる。（　　）

(3) まどから　うみが　<u>みえる</u>。（　　）

(4) <u>あおい</u>　えのぐを　ぬる。（　　）

(5) 木《き》の　かげで　<u>やすむ</u>。（　　）

8 かん字《じ》（かき）

シール

ふくしゅうのポイント！
- 正しい漢字や熟語を書けるようにします。
- 送りがながつく漢字を書けるようにします。
- 漢字まじりの文を書けるようにします。

〈じかん〉20ぷん　〈ごうかく〉80てん　〈とくてん〉　／100

月　日

こたえ↓べっさつ11ページ

1　【かん字《じ》を かく】つぎの □に かん字を かきましょう。（30てん）一《ひと》つ5

(1) □《もり》の □《なか》を あるく。

(2) じてん□《しゃ》に のる。

(3) □《やま》に □《むし》とりに いく。

(4) □《た》んぼを たがやす。

2　【からだの ぶぶん】つぎの えを 見《み》て あてはまる かん字を かきましょう。（15てん）一つ3

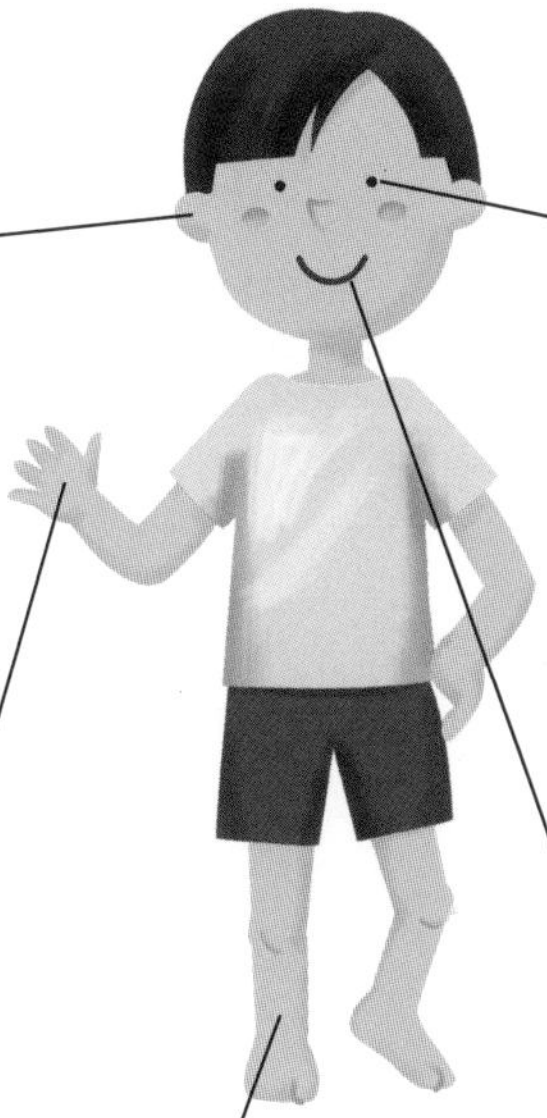

(1) □

(2) □

(3) □

(4) □

(5) □

たいせつ

3 【じゅくご】つぎの かん字の よみを かきましょう。（30てん）一つ5

(1) 先生 （　　）

(2) 正月 （　　）

(3) 草花 （　　）

(4) 天気 （　　）

(5) 水玉 （　　）

(6) 森林 （　　）

4 【二《ふた》つの よみかた】つぎの かん字の 二とおりの よみかたを かきましょう。（20てん）一つ2

(1) 円 （　　）（　　）い

(2) 立 （　　）（　　）てる

(3) 入 （　　）（　　）れる

(4) 早 （　　）（　　）い

(5) 見 （　　）（　　）える

7 かん字《じ》（よみ）

シール

ふくしゅうのポイント！
- 漢字を正しく読めるようにします。
- それぞれの漢字の意味を理解します。
- 音読みと訓読みの読み方を覚えます。

〈じかん〉20ぷん　〈ごうかく〉80てん
〈とくてん〉　／100

月　日

こたえ→べっさつ11ページ

1 【かん字《じ》の よみ】つぎの ——の かん字の よみを かきましょう。

（30てん）一《ひと》つ5

(1) わたしの 犬の 名まえは、ベス です。

(2) 青い そらに 白い くもが ぽっかりと うかんで いる。

(3) 貝がらを 耳に あてる。

2 【かん字の よみ】つぎの ——の かん字の よみを かきましょう。

（20てん）一つ5

(1) 車《くるま》が 四だい

(2) 本《ほん》が 六さつ

(3) ペンが 二本

(4) みかんが 七つ

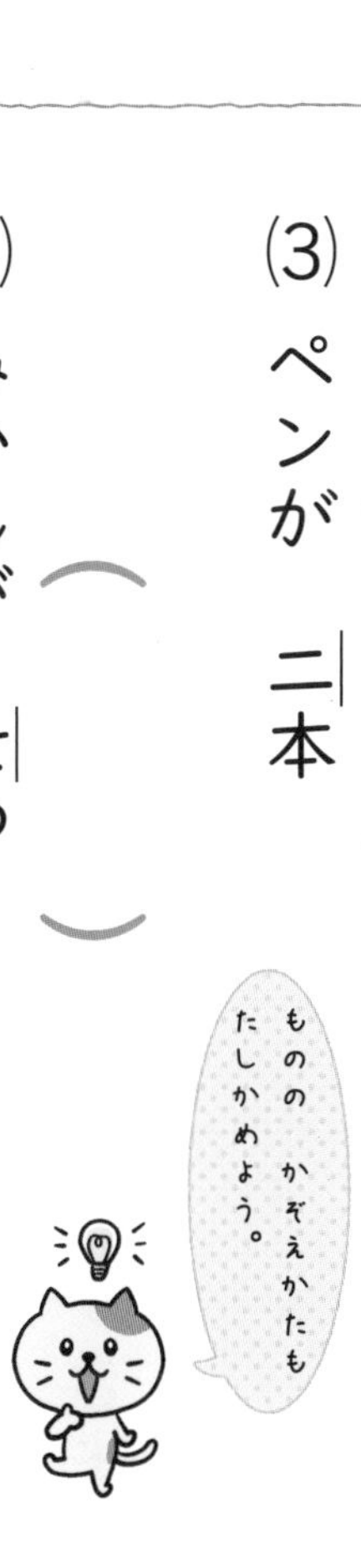

3

【かたかなの　かたち】つぎの　ひらがなを　かたかなに　かきなおしましょう。（25てん）一つ5

(1) ろけっと

(2) ずぼん

(3) はむ

(4) あいろん

(5) かめら

たいせつ

4

【かたかなの　かたち】えを　みて、ことばを　かたかなで　かきましょう。（40てん）一つ8

(1)

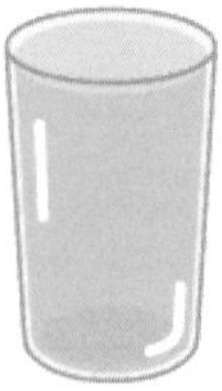

(2)

(3)

(4)

(5)

6 かたかな（かき）

シール

ふくしゅうのポイント！
- 正しい筆順で書けるようにします。
- 字の形に注意しながら書けるようにします。
- かたかなで書く言葉に慣れます。

〈じかん〉20ぷん 〈ごうかく〉80てん
〈とくてん〉 /100
月 日

1 【かたかなの ひつじゅん】つぎの かたかなの ひつじゅんが ただしい ほうに、◯を つけましょう。（15てん）一《ひと》つ5

(1) シ
1 、 ⺀ シ
2 ノ ン シ

(2) ウ
1 丶 丶丨 ウ
2 丶 ウ ウ

(3) キ
1 丨 十 キ
2 一 二 キ

2 【かたかなの かたち】つぎの かたかなで、まちがった じを なおして ただしく かきましょう。（20てん）一つ5

こたえ↓べっさつ11ページ

(1) ライオソ
(2) キャベシ
(3) マメリカ
(4) クレEン

たいせつ

3 【かたかなの ことば】れいに ならって、えに あう ことばに なるように、かたかなを かこみましょう。（20てん）一つ5

（れい）

コ	ア	パ	ン	ボ
ジ	ラ	ヨ	ッ	ー
ュ	ー	ス	ト	ル

4 【ことばの むすびつき】つぎの ことばの ただしい ほうに、○を つけましょう。（20てん）一つ5

(1) かみなりが ｛コロコロ／ゴロゴロ｝

(2) ねこが ｛ニョロニョロ／ニャーオ｝

(3) うしが ｛モクモク／モーモー｝

(4) いぬが ｛パンパン／ワンワン｝

5 かたかな（よみ）

シール

ふくしゅうのポイント！
- 一字一字を正しく読めるようにします。
- かたかなの言葉を読めるようにします。
- かたかなで書く言葉を覚えます。

こたえ↓べっさつ11ページ

〈じかん〉20ぷん　〈ごうかく〉80てん　〈とくてん〉　/100

月　日

1【かたかなの　かたち】おなじ　よみを　する　じを、せんで　むすびましょう。（40てん）一《ひと》つ5

(1) す・　　・ホ
(2) ほ・　　・ク
(3) み・　　・ス
(4) る・　　・タ
(5) く・　　・ミ
(6) そ・　　・ル
(7) た・　　・ソ
(8) い・　　・イ

2【かたかなの　ことば】えと　ことばが　あうように、せんで　むすびましょう。（20てん）一つ5

(1)  ・　　・チューリップ
(2)  ・　　・アイスクリーム
(3)  ・　　・パイナップル
(4)  ・　　・バナナ

3

【つまる　おと】えを　みて、ただしく　かきなおしましょう。

(30てん)一つ6

(1)

こつき
[　　　]

(2)

やきゆう
[　　　]

(3)

かぼちや
[　　　]

(4)

ちよう
[　　　]

(5)

しつぽ
[　　　]

4

【ことばの　いみ】どうさを　あらわす　ことばを、あとから　えらんで　かきましょう。（ことばは　いちどしか　つかえません。）

(30てん)一つ6

(1) あさごはんを（　　　）。

(2) おんがくを（　　　）。

(3) えいがを（　　　）。

(4) たいこを（　　　）。

(5) でんきを（　　　）。

たたく　たべる　つける きく　みる

4 ことばを かく

シール

ふくしゅうのポイント！
・のばす音に気をつけて書けるようにします。
・「っ・ゃ・ゅ・ょ」の使い方を理解して書けるようにします。

〈じかん〉20ぷん 〈ごうかく〉80てん 〈とくてん〉 /100

月 日

こたえ↓べっさつ10ページ

1 【のばす おと】つぎの ことばの ただしい ほうに、○を つけましょう。(20てん)一《ひと》つ5

(1) {きれいな / きれえな} はなを かう。

(2) {とおい / とうい} まちへ いく。

(3) {とおふ / とうふ} を たべる。

(4) {せんせい / せんせえ} の はなしを きく。

たいせつ

2 【のばす おと】のばす いいかたの ことばを、ただしく かきましょう。(20てん)一つ5

(1) 
おか□さん

(2) 
おに□さん

(3) 
おね□さん

(4) 
ぼ□し

たいせつ

3

【はんたいの　ことば】うえの　ことばと　はんたいの　いみの　ことばを、せんで　むすびましょう。

（25てん）一つ5

(1) くらい　・　　・　つめたい

(2) おもい　・　　・　ちいさい

(3) あつい　・　　・　はやい

(4) おそい　・　　・　あかるい

(5) おおきい　・　　・　かるい

4

【ことばの　いみ】ようすを　あらわす　ことばを、あとから　えらんで　かきましょう。（ことばは　いちどしか　つかえません。）

（25てん）一つ5

(1) ゆかが（　　　　）すべる。

(2) めが（　　　　）まわる。

(3) こどもが（　　　　）なく。

(4) ほしが（　　　　）ひかる。

(5) むねが（　　　　）する。

しくしく	どきどき
つるつる	ぐるぐる
きらきら	

3 ことばを よむ

シール

ふくしゅうのポイント!
- 言葉集めから語句への関心を高めます。
- 言葉の意味を正確に覚えます。
- 言葉と言葉の結びつきを理解します。

月 日

〈じかん〉20ぷん 〈ごうかく〉80てん 〈とくてん〉 /100

こたえ↓べっさつ10ページ

1 【ことばあつめ】**つぎの ことばの なかで だいどころに ある もの に、○を つけましょう。**（25てん）一《ひと》つ5

くるま れいぞうこ なべ

まないた うきわ ふとん

こくばん ほうちょう くつ

はし まくら ふでばこ

2 【ことばあつめ】**れいに ならって、なかまはずれの ことばに、○を つけましょう。**（25てん）一つ5

（れい） とら （いす） きりん ねこ

(1) たべる うた のむ わらう

(2) りんご さとう みかん なし

(3) あか きいろ ゆき みどり

(4) はしる みみ て あし くち

(5) はれ あめ くもり かさ

3

【ひらがなの　かたち】えを　みて　なまえを　かき、しりとりを　かんせいさせましょう。（20てん）一つ5

(1)

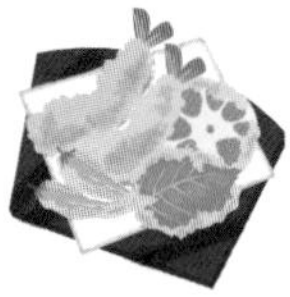

てん

(2)

ら

(3)

だ

(4)

うん

う

い

たいせつ

4

【゛や゜の　ついた　ひらがな】えを　みて、ことばを　ただしく　かきましょう。（30てん）一つ6

(1)

(2)

(3)

(4)

(5)

2 ひらがな（かき）

シール

ふくしゅうの ポイント！
- 正しい筆順で書けるようにします。
- 字の形に気をつけて書けるようにします。
- ゛や。のついた字も書けるようにします。

〈じかん〉20ぷん　〈ごうかく〉80てん　〈とくてん〉　／100

月　日

たいせつ

1 【ひらがなの ひつじゅん】つぎの ひらがなの ひつじゅんが ただしい ほうに、○を つけましょう。（30てん）一《ひと》つ10

(1) か
1 ノ カ か
2 フ カ か

(2) ふ
1 、 ふ ふ ふ
2 、 ふ ふ ふ

(3) も
1 し も も
2 一 ニ も

2 【ひらがなの かたち】えを みて、ことばを ただしく かきましょう。（20てん）一つ5

こたえ↓べっさつ10ページ

(1)

(2)

(3)

(4)

たいせつ

3 【ひらがなの ぶん】ただしい ほうを えらんで、○を つけましょう。（20てん）一つ5

(1) ｛わ／ね｝たしの え｛は／ほ｝んです。

(2) おじ｛き／さ｝んに でんわする。

(3) あしの つ｛め／ぬ｝を きる。

(4) ｛ぽ／ぼ｝うしを かぶる。

4 【ひらがなの ぶん】ただしい ほうを えらんで、○を つけましょう。（30てん）一つ6

(1) おりがみを ｛たべる。／おる。｝

(2) てを ｛あらう。／つくる。｝

(3) ｛くるくる／すやすや｝ ねむる。

(4) ｛ぐんぐん／ざらざら｝ のびる。

(5) へやが ｛おもい。／ひろい。｝

1 ひらがな（よみ）

シール

ふくしゅうのポイント！
- 一字一字を正しく読めるようにします。
- ひらがなの言葉を読めるようにします。
- ひらがなの文を読めるようにします。

月　日

〈じかん〉20ぷん　〈ごうかく〉80てん

〈とくてん〉　／100

こたえ↓べっさつ10ページ

1【ひらがなの かたち】ただしい ほうを えらんで、○を つけましょう。（30てん）一《ひと》つ6

(1) あさが［お・あ］

(2) めが［わ・ね］

(3) てぶく［る・ろ］

(4) さく［ら・う］

(5) ひこう［き・さ］

2【ひらがなの ことば】えに あう ことばを えらんで、○を つけましょう。（20てん）一つ5

(1)

くり　とり

(2)

あめ　ゆめ

(3)

はな　はね

(4)

そら　さら

こくご

はじめに

　かぞくや　ともだちと　はなす　ときには　ことばを　つかうね。この　ことばを　もじで　よんだり　かいたり　する　ときは　きまりが　あるよ。もじや　ぶんの　きまりを　まなんで，いろいろな　おはなしを　たのしみましょう。

こたえ

小1 全科の復習テスト

→指導される方々へ　この解答編では，指導される方々向けに問題の答えや学習のポイント，注意点などを載せています。答え合わせのほかに，問題に取り組むお子さまへの説明やアドバイスの参考としてお使いください。本書を活用していただくことでお子さまの学習意欲を高め，より理解が深まることを願っています。生活科について，学校や地域によって活動や体験が異なります。お子さまの学習の実態に応じ，問題への取り組みをサポートしていただきますようお願いいたします。

さんすう

4～5 ページ

1 かずと　すうじ

1 (1) 3　(2) 10　(3) 2　(4) 6

2

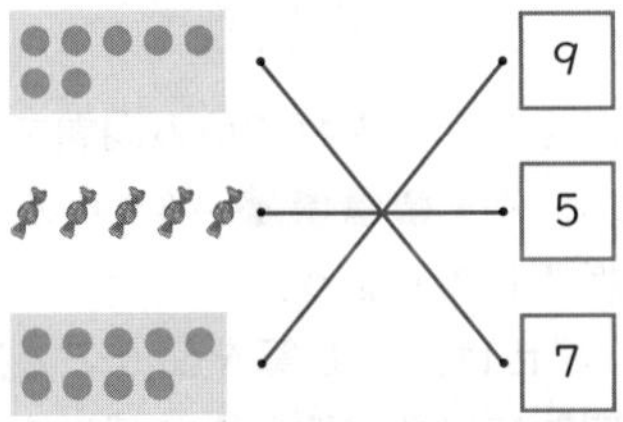

3 (1)

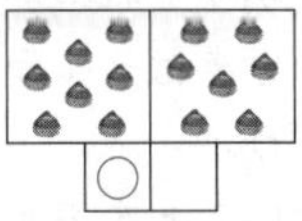

(2)

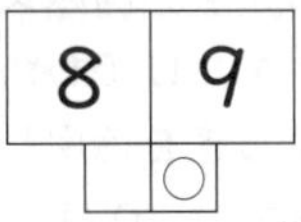

4 (1) 6 ― 7 ― 8 ― 9 ― 10

(2) 5 ― 4 ― 3 ― 2 ― 1

5

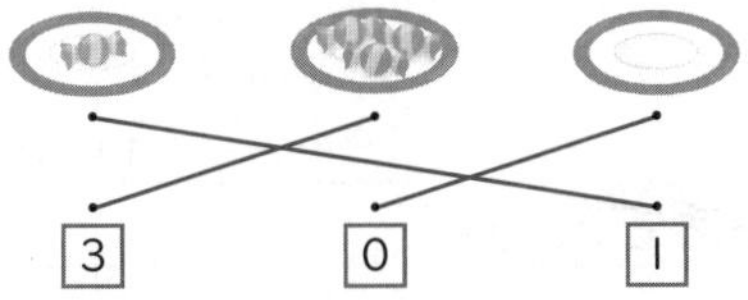

指導の手引き

1 ここで大切なのは，10 までの数を正しく数えることができるか，数に対応した数字をきちんと書くことができるか，の 2 点です。数字をくりかえし書く練習も必要です。

3 (1)は，左右のくりの数を数えてから多い少ないを判断させるとよいでしょう。また，左右のくりを線で結んで 1 つずつ消していき，残ったほうが多いと判断させるのも，はじめのうちは有効といえます。

4 書いてある数字から，数がどんな系列で並んでいるかを考えます。(1)は，6 ― 7 より，左から順に，1 ずつ大きくなっていることがわかります。(2)は，3 ― 2 より，左から順に，1 ずつ小さくなっていることがわかります。

5 皿に何ものっていない(1 つもない)ことを，数として「0」と表します。

6～7 ページ

2 なんばんめ

1 (1) 3　(2)みかん　(3) 5

2

3 (1) 3　(2) 1　(3) 4　(4) 2

指導の手引き

1 「左から」，「右から」のことばに気をつけて数えます。

2 (1)は集まりの大きさを，(2)，(3)は順番を表すということを，しっかり理解させましょう。

3 (2)いちばん下にあるものは，「下から 1 番目」です。

(4)下から 3 番目のカードは「かえる」です。

8～9 ページ

3 いくつと　いくつ

1 (1) 6　(2) 2，7　(3) 3，8　(4) 4，9

2 (1) 7　(2) 1　(3) 6

3 (1) 3　(2) 6

4 (1) 4　(2) 3　(3) 8　(4) 10

ひっぱると，はずして使えます。

指導の手引き

1 数の構成について理解させましょう。おはじきなどを用いて，数の分解や合成を考えさせましょう。

2 (1)は1と□で8になる数を考えます。「1と7」で8になります。

3 (1)は，7と□で10，(2)は，4と□で10になる数を考えます。
(1)は，「7と3」で10になるから，あと3個です。(2)は，「4と6」で10になるから，あと6個です。

10～11 ページ

4 いろいろな　かたち

1

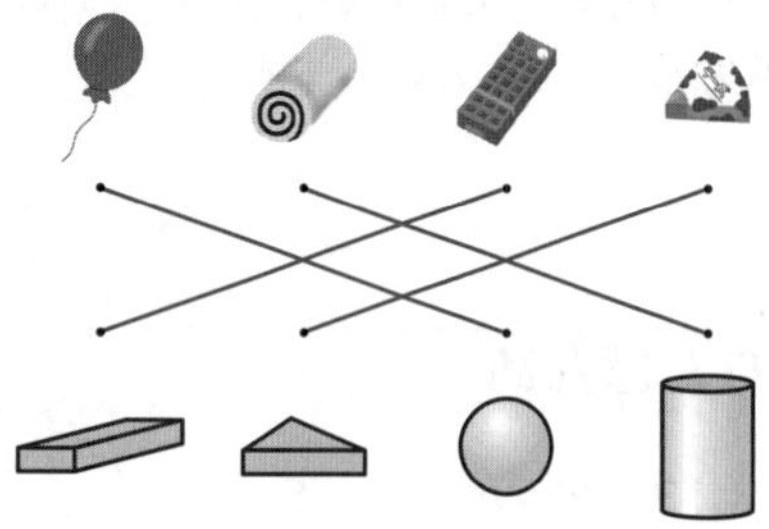

2

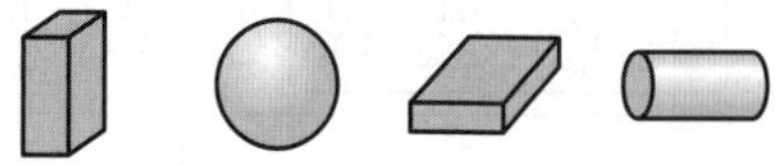

(　)　(○)　(　)　(○)

3 □ (　)

▯ (　)

◯ (○)

4 (1) 4　(2) 6　(3) 10

指導の手引き

1 身のまわりのものと，形のよく似た積み木を見つけます。色や大きさ，材質は考えないで，形としてとらえます。

2 面の形から，転がる，転がらないを判断します。いちばん転がりやすいのは，曲面だけでできているボールの形です。筒の形も曲面があるので，転がりやすいことがわかります。

3 わからないときは，筒状のものを使って，実際にうつしてみましょう。

4 それぞれの形を基本の色板の形がわかるように線を引いて，何枚で構成されているかをもれなく数えます。色板の向きは変わることもあります。

12～13 ページ

5 たしざん ①

1 (1) 5　(しき)3＋2＝5
(2) 8　(しき)4＋4＝8
(3) 7　(しき)1＋6＝7

2 (しき)5＋3＝8
(こたえ)8 ほん

3 (しき)2＋7＝9
(こたえ)9 ひき

4 (1) 5　(2) 8　(3) 8　(4) 9　(5) 6　(6) 10
(7) 10　(8) 2　(9) 9　(10) 0

指導の手引き

1 数字と●が組み合わされている問題でつまずいた場合は，4＋●●●●＝4＋4 のように，段階的に指導しましょう。

3 「ふえる」場合は，たし算を使うことを確認します。問題文に数が明示されていますが，数字だけでわからないときは，イラストやおはじきを活用しましょう。

4 (8)では，0は1つもないことを表す数だから，たしても2のままであることを理解させましょう。

14～15 ページ

6 ひきざん ①

1 (1) 3　(しき)5－2＝3
(2) 5　(しき)8－3＝5
(3) 2　(しき)9－7＝2

2 (しき)9－6＝3
(こたえ)3 こ

3 (1) 4　(2) 1　(3) 3　(4) 8　(5) 6　(6) 0
(7) 10　(8) 5

4 (しき)7－4＝3
(こたえ) ねずみ が 3 びき　おおい。

指導の手引き

1 (3)は，「ちがい」を求めるので，大きい数から小さい数をひく，ひき算になります。

2 「のこり」を求めるので，ひき算になります。ひかれる数とひく数の関係を，しっかり考えて，式をつくりましょう。

3 同じ数どうしの減法や，ひく数が 0 の減法がわかりにくい場合は，おはじきやブロックなどで説明するとよいでしょう。

4 「なんびきおおい」かは，「ちがい」を求めればよいので，ひき算になります。

ここに注意！ 求差の場面は，「ひくこと」のイメージと結びつきにくいので，ねことねずみの数をおはじきなどに置き換えて，多いほうから，1 対 1 対応した分を「ひけばよい」ことを十分に理解させましょう。

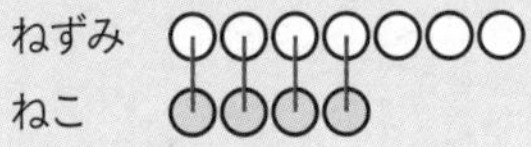

16～17 ページ

7 たしざん・ひきざん ①

1 (しき)2+4=6

(こたえ)6 ぽん

2 (しき)8−3=5

(こたえ)5 こ

3 (しき)10−4=6

(こたえ)6 にん

4 (1)(しき)6+3=9

(こたえ)9 わ

(2)(しき)9−3=6

(こたえ)6 わ

指導の手引き

2 「つかう」ということばは，ひき算を表します。

3 全体の 10 人から男の子 4 人をひけば，女の子の人数になることを理解させます。

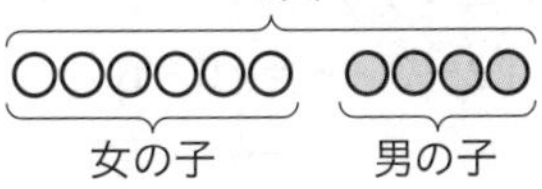

4 絵を見て，(1)は鳥が「飛んで来た」ときの，(2)は鳥が「飛んで行く」ときの状況が読み取れているかどうか，お話をさせてみましょう。

18～19 ページ

8 20 までの　かず

1 (1) 19　(2) 16　(3) 13　(4) 18

2 (1) 15　(2) 20　(3) 1　(4) 10　(5) 17　(6) 10

3 (1)  (2) 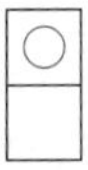

4 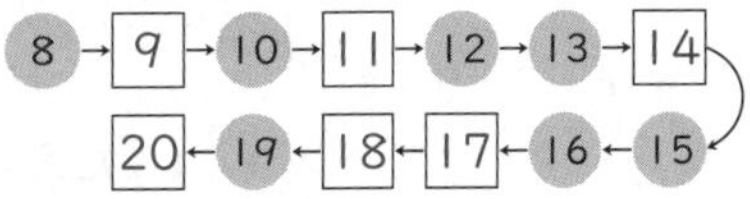

5 12

指導の手引き

1 (3)は，まず 10 個を線で囲み，「10 といくつ」あるかを考えます。(4)は，あめが 5 個ずつ袋に入っているから，袋に入っているあめは，「5，10，…」と，5 とびで数えると，速く数えられます。

2 数の合成・分解を通して，「10 といくつ」の考え方をしっかり身につけ，20 までの数の構成について理解を深めましょう。(5)・(6)の計算も，「10 といくつ」をもとに考えます。

4 12→13や，15→16より，小さいほうから順に，1 ずつ大きくなっていることがわかります。

20～21 ページ

9 くらべかた

1 (1) 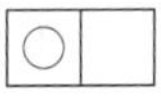 (2) 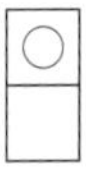

2 (1)  (2) 

3 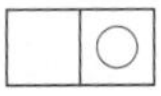

4 (1)イ，ウ　(2)オ　(3) 2

5 イ，2

指導の手引き

2 (2)の場合，水面の高さが同じときは，底面の広い方がかさが多いことに気づかせましょう。

3 タイル 1 枚を基準にして広さを比べます。

4 方眼の 1 ますを単位として，長さをますの数で比べられることを理解させます。

5 もののかさは，コップなどを用いると，数で表せることを理解させましょう。

22〜23 ページ

10 3つの　かずの　けいさん

1 (しき)4+3+1=8
(こたえ)8 わ

2 (しき)9−2−3=4
(こたえ)4 こ

3 (しき)5−2+4=7
(こたえ)7 さつ

4 (しき)6+3−5=4
(こたえ)4 こ

5 (1) 9　(2) 10　(3) 14　(4) 7　(5) 0　(6) 8
(7) 8　(8) 15　(9) 5　(10) 4

指導の手引き

1 3つの数のたし算です。左から順に，2回たし算をして答えを求めます。

2 3つの数のひき算です。左から順に，2回ひき算をして答えを求めます。

3 たし算とひき算の混じった，3つの数の計算です。左から順に計算して答えを求めます。

24〜25 ページ

11 たしざん ②

1 2，3，13

2 (1) 12　(2) 14　(3) 11　(4) 12　(5) 15
(6) 11　(7) 12　(8) 17　(9) 18　(10) 13

3 9+6　8+8　2+9　7+8
(○)　(　)　(　)　(○)

4 (しき)9+5=14
(こたえ)14 まい

5 (しき)4+8=12
(こたえ)12 ひき

指導の手引き

1 くり上がりのあるたし算では，たされる数(ここでは8)といくつで10になるか，という点に目をつけます。
8に2をたすと10になるので，たす数の5を2と3に分解して計算します。だから，8+2=10，10+3=13となります。

2 くり上がりのあるたし算では，「10のまとまり」をつくり，「10といくつ」という考え方で解いていきます。

3 まず，それぞれのカードの答えを求めてから，答えが15になるカードを見つけるようにしましょう。

4 たされる数9が10になるように，たす数5を1と4に分解して計算します。

26〜27 ページ

12 ひきざん ②

1 1，1，5

2 (1) 4　(2) 9　(3) 2　(4) 7　(5) 9
(6) 8　(7) 6　(8) 9　(9) 6　(10) 8

3
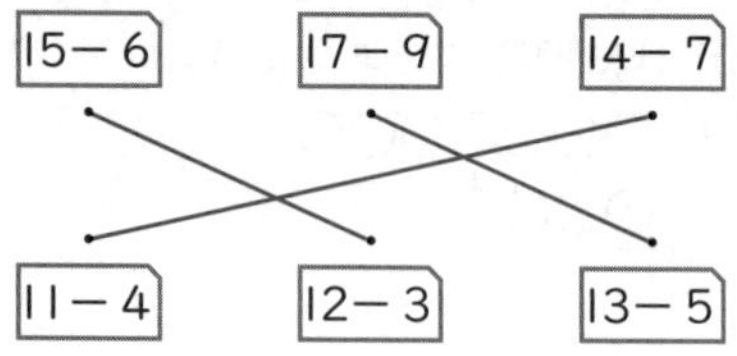

4 (しき)13−7=6
(こたえ)6 人《にん》

5 (しき)16−8=8
(こたえ)8 わ

指導の手引き

1 くり下がりのあるひき算では，まず10からひく数(ここでは9)をひくといくつになるか，という点に目をつけます。
ひかれる数14を10と4に分解して，10から9をひき，その答えの1と残りの4をたして，5とします。

2 くり下がりのあるひき算の計算方法には，1で示した減加法と，減減法の2つがあり，どちらの方法で計算してもかまいません。
(1) 12−8
〈減加法での解き方〉
12−8=10−8+2=4
(12 → 10 2)
〈減減法での解き方〉
12−8=12−2−6=10−6
(8 → 2 6)
=4

3 6問全部を解いてから，答えの同じものどうしを線で結ぶ作業をさせます。

4 「のこりはいくつ」の問題は，ひき算を使って答えを求めます。

5 「ちがいはいくつ」の問題は，ひき算を使って答えを求めます。

28～29 ページ

13 たしざん・ひきざん ②

1 (しき)4+8=12
(こたえ)12 ひき

2 (しき)7+6=13
(こたえ)13 本《ぼん》

3 (しき)13−5=8
(こたえ)8 本《ぼん》

4 (しき)11−8=3
(こたえ)3 こ

5 (しき)7+7=14
(こたえ)14 こ

6 (しき)13−9=4
(こたえ)4 人《にん》

指導の手引き

1 犬が生まれて増えたから，たし算を使って求めます。

2 花びんには，白い花と赤い花が合わせて入っていますから，たし算を使って求めます。

3 残りを求める場面の問題です。(全部のくじの数)−(あたりくじの数)=(はずれくじの数)で，ひき算を使って求めます。

4 「みかん 11 このうち 8 こたべた」というこれまでの形式とは違います。みかんと人とを 1 つ 1 つ対応させて考えることが大切です。

ここに注意！ 8 人が 1 個ずつ食べるから，8 個食べたことになります。残りの数は，全部の数の 11 個から食べた数の 8 個をひいて求めます。

5 かごと小鳥の数を対応させて考える問題です。図などを使って，きちんと理解させましょう。

30～31 ページ

14 大きな かず ①

1 (1) 69 (2) 120

2 (1) 94 (2) 7，1 (3) 100 (4) 82

3 (1) 115—116—117—118—119—120
(2) 62—61—60—59—58—57
(3) 50—60—70—80—90—100

4 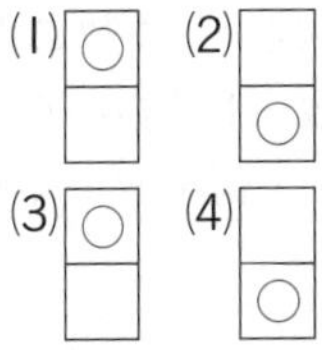

指導の手引き

1 10 のまとまりがいくつあるかを表す数が「十の位」の数で，1 のばらがいくつあるかを表す数が「一の位」の数です。
(2)は，ばらがないので，一の位は 0 と書きます。

3 (1)は右へいくほど増え，(2)は逆に減っている，(3)は 10 ずつ増えている，と気づかせます。2 とびや 5 とびなどにも慣れておくようにしましょう。

32～33 ページ

15 大きな かず ②

1 (しき)30+10=40
(こたえ)40 円《えん》

2 (しき)70−20=50
(こたえ)50 円

3 (1) 60 (2) 80 (3) 100 (4) 20 (5) 30
(6) 50

4 (しき)50+2=52
(こたえ)52 円

5 (しき)35−5=30
(こたえ)30 円

6 (1) 47 (2) 15 (3) 69 (4) 70 (5) 16
(6) 35

指導の手引き

1，2 10 円(10 のまとまり)がいくつあるか，と考えさせます。1は，10 円が 3+1=4(こ)あるので，40 円，2は，10 円が 7−2=5(こ)あるので，50 円です。

3 何十のたし算とひき算は，10 がいくつあるかを考えて計算します。

4，5 10 円(10 のまとまり)と 1 円がいくつあるか，と考えさせます。4は，10 円が 5 こ，1 円が 2 こあるので，50 円と 2 円で 52 円となります。5は，35 円は 10 円が 3 こ，1 円が 5 こで，5 円をひくと 30 円残ります。わかりづらいときは，硬貨やおはじきを用いて説明すると理解が深まります。

6 くり上がりのない２位数＋１位数のたし算，くり下がりのない２位数−１位数のひき算は，２位数の数の構成を考え，何十といくつにわけて計算します。

34〜35 ページ

16 とけい

1 (1)９じ　(2)５じ
(3)11 じはん(11 じ 30 ぷん)
(4)３じ 40 ぷん
(5)12 じ９ふん
(6)４じ６ぷん

2 (1)

(2)
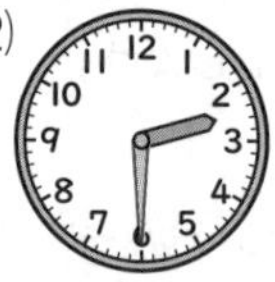
(3)

3
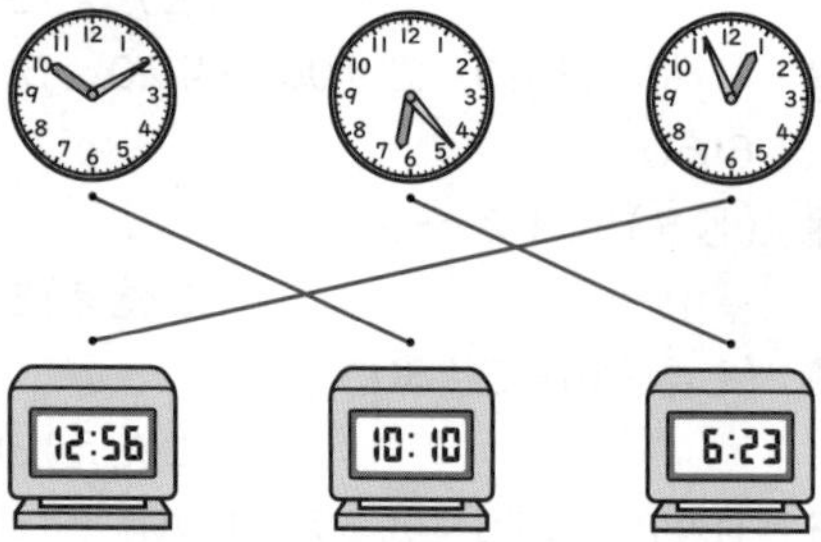

4

(　　)　(○)　(　　)

指導の手引き

1 日常生活の場面に即して，何時何分を読み取らせる問題です。実物の時計の針を動かすなどして，時計の長針や短針の指す目もりに着目させ，時刻を読み取ることができるようにさせましょう。

ここに注意！ 短い針で何時を，長い針で何分を読みます。小さい１目もりが，１分を表します。

36〜37 ページ

17 せいりの　しかた

1
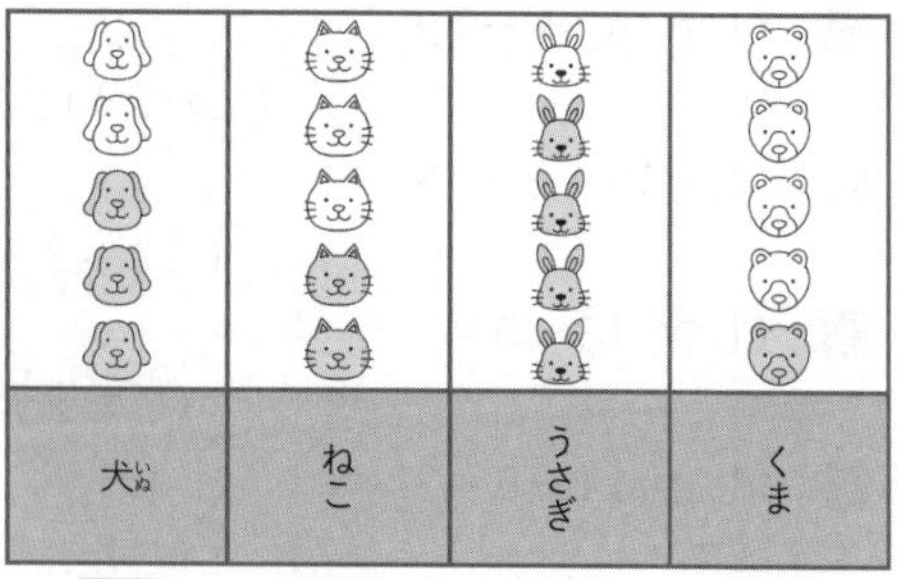

3　2　4　1

2 (1)

(2)いちご
(3)みかん
(4)りんご

指導の手引き

1 ばらばらにかかれているものを１つずつ数え，グラフに整理する問題です。数を数えさせるときには，印をつけながら数えさせ，落ちや重なりがないように丁寧に作業させましょう。また，グラフに色を塗らせるときは，下から塗らせるようにさせましょう。

2 (2)では，いちばん高く色を塗ったくだものを見つけます。(4)では，グラフを見てどちらが高くまで色を塗ってあるかを調べます。

38〜39 ページ

18 たしざん・ひきざん ③

1 (しき)8＋3＝11
(こたえ)11 こ

2 (しき)12−4＝8
(こたえ)8 ひき

3 (しき)6＋4−3＝7
(こたえ)7 こ

4 (1)8ばんめ
(2)(しき)$15-8=7$
(こたえ)7人《にん》

5 (しき)$17-5=12$
(こたえ)12こ

指導の手引き

1 もとになるのは，けんじさんのあめの数で8個です。ゆうこさんは，それより3個多いから，たし算で答えを求めます。

2 もとになるのは，白いねこの数で12ひきです。黒いねこは，それより4ひき少ないから，ひき算で答えを求めます。1や2の問題は，1つの数を基準として，それよりいくつ多い，いくつ少ない，として考える問題です。基準となるのは2つのうちのどちらなのか，また，多いのか少ないのかを，正確に読み取ることが大事です。

3 もらうことは，増えることを表しているので，たし算です。あげることは，減ることを表しているので，ひき算です。計算は左から順に計算します。$6+4=10$，$10-3=7$となります。

4 (1)では，7人の中にみどりさんが含まれないことに気づくかどうか，がポイントです。○を使って考えさせましょう。式を示すなら，$7+1=8$となります。
(2)では，15人からみどりさんも含めた8人をひくことで，後ろの人数が求められます。

40〜42ページ

19 しあげテスト

1 (1)8 (2)2 (3)13 (4)40 (5)73
(6)68 (7)5 (8)0 (9)9 (10)20
(11)90 (12)56 (13)17 (14)4

2 (しき)$3+9=12$
(こたえ)12こ

3 (しき)$12-5=7$
(こたえ)犬《いぬ》が7ひき おおい。

4

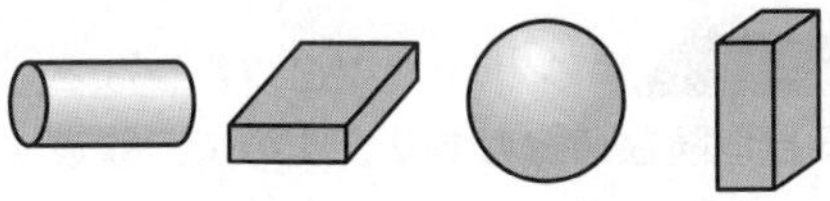

(○) (○) (　) (○)

5 **イ→ウ→ア→エ**

6 (1)8じ20ぷん (2)1じ38ぷん

7

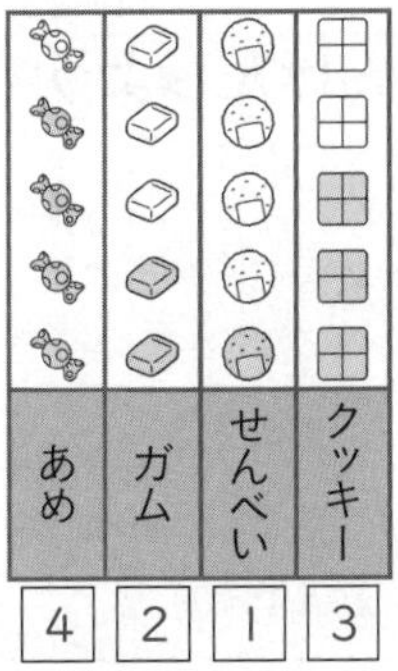

指導の手引き

1 1年生で習ったたし算とひき算の計算です。くり上がり，くり下がりに気をつけて計算しましょう。

2 「あわせて」なので，たし算の式に表して計算しましょう。

3 「どちらがなんびきおおい」なので，数の多いほうから少ないほうをひいて計算しましょう。

4 箱の形や筒の形は，積むことができます。身のまわりにある立体図形を観察し，特徴を理解させましょう。

5 方眼の1ますを単位として，ますの数を数えます。ますの数が多いほうから順に，長さが長いことがわかります。

6 短針で何時，長針で何分を読み取ります。小さい1目めもりが1分であることを理解させましょう。

7 落ちや重なりがないように，丁寧に作業させます。グラフに色を塗らせるときは，下から塗らせましょう。

せいかつ

44～45 ページ

1 がっこうを　たんけんしよう

1 (1)**い**　(2)**あ**　(3)**う**

2 (1)じゃんぐるじむ
(2)すなば
(3)のぼりぼう
(4)ぼおる

指導の手引き

1 学校には自分たちの教室以外にもいろいろな部屋があり，みんなが安心して勉強できるように，いろいろな先生方や人たちがいることを教えましょう。

2 新しい友達とどんな遊びをして，どんなことが楽しかったかをたずねます。また，みんなで楽しく遊ぶためにはルールを守らなければいけないことも教えましょう。

ここに注意！ 絵を見て答える問題は，どこにどのようなものがあるか，何をしているところかなど，注意深く見ることが大切です。

46～47 ページ

2 はるから　なつへ

1 (1) 1　(2) 3
(3) 2　(4) 4

2 (1)むしとり
(2)すいかわり
(3)すいえい
(4)はなび

指導の手引き

1 種をまいたあとに，水をやることを確認させます。また，種をまくとき，地中に深くうめすぎると発芽しない場合があることにも，注意させましょう。

2 安全に楽しく夏休みを過ごせるように，注意させましょう。水泳や花火などの遊びをするときには，特に注意が必要です。また，長い夏休みの間，規則正しい生活ができるように，めあてをもたせましょう。

48～49 ページ

3 いきものを　さがそう

1 (1)○　(2)×　(3)×
(4)○　(5)×　(6)○

2 (1)―あき　(2)―はる
(3)―なつ　(4)―ふゆ

指導の手引き

1 カマキリやチョウなど，ほかにも身近にたくさんの虫がいます。どんな虫を知っているか，聞いてみましょう。

2 生き物によって，よく見られる季節は違います。問題のほかには，いつ，どんな生き物を見ることができるか，話し合ってみましょう。日ごろから，自然と季節の関係について意識させることが大切です。

50～51 ページ

4 あきが　きたよ

1 (1)きいろをぬっていればよいでしょう。
(2)あか，きいろをぬっていればよいでしょう。

2 (1)×　(2)○
(3)×　(4)○

3 (1)○　(2)×　(3)×
(4)○　(5)○　(6)×

指導の手引き

1 落ち葉が何色だったか思い出させ，よく観察したことをほめてあげましょう。

2 落ち葉や木の実を使っておもちゃを作ったり，遊んだりすることを通して，秋の自然と関わりを深めましょう。

3 秋を意識させましょう。落ち葉が地面をおおったり，赤トンボを見たりしたときなどに，それが秋のようすであることを教えてあげるとよいでしょう。入学式は春，アジサイとカタツムリやヒマワリと入道雲は夏のようすです。

ここに注意！ ギンナンやツタウルシなど，さわると危険な植物もありますので，観察するときにはじゅうぶんに注意させましょう。

52～53 ページ

5 じぶんで　できるよ

1 (1)うわばき　(2)水《みず》
(3)ふく　(4)ゆか

2 (1) 1　(2) 4
(3) 3　(4) 2

指導の手引き

1 子どもに仕事をさせていくことは，自立するうえでとても大切なことです。自分のことはできるだけ自分でするように，習慣化させましょう。

2 朝起きたとき，学校へ行くときなど，場面に合わせたあいさつを覚えさせましょう。また，「こんにちは」「こんばんは」のように，時間によって変わるあいさつもあります。1日の流れとともに確認させ，元気にあいさつできるように練習させましょう。

ここに注意！ 空欄をうめる問題は，何をしている絵なのかをよく見て，空欄の前後をよく読むようにさせましょう。答えを選んだら，必ず空欄にあてはめて読ませてみましょう。

54～55 ページ

6 ふゆが　きたよ

1 (1)○　(2)△
(3)○　(4)△
(5)○　(6)○

2 (1)○　(2)×
(3)×　(4)○

指導の手引き

1 雪や氷を使った冬ならではの遊びを体験させましょう。雪遊びや氷遊びができない地域では，おしくらまんじゅうなどの寒さに負けない遊びをしたり，外で元気に遊ばせたりして，楽しさを実感させてください。

2 季節によって見られる風景や生き物，できる遊びが違うことを学びました。冬の町のようすやできることも，ほかの季節とは異なります。どこがどのように違うのか，よく観察させてみましょう。

ここに注意！ 冬休みにはお正月があります。年賀状やおせち料理，鏡もちなど，お正月ならではのものに触れさせましょう。歴史や文化について学ぶよい機会となります。

56 ページ

7 しあげテスト

1 (1)○　(2)×　(3)×

2 (1)あやとり
(2)けん玉《だま》
(3)たこあげ
(4)お手《て》玉《だま》

指導の手引き

1 公園はみんなが使う場所です。みんなが気持ちよく安全に使うために，ルールを守らなければいけないことを教えましょう。

2 昔からの遊びを家族や地域のお年寄りから教えてもらいましょう。いろいろな体験をさせ，その良さに気づかせましょう。

こくご

95～94 ページ

1 ひらがな（よみ）

1 (1)お (2)ね
(3)ろ (4)ら
(5)き

2 (1)とり (2)あめ
(3)はな (4)さら

3 (1)わ，ほ (2)さ
(3)め (4)ぼ

4 (1)おる。 (2)あらう。
(3)すやすや (4)ぐんぐん
(5)ひろい。

指導の手引き

1 ひらがなの形をしっかり覚えさせましょう。

2 まず，絵に描かれたものが何かを，声に出して言います。次に，その言葉を表すひらがなを探します。字の形が似ているものの違いをはっきり覚えさせましょう。

4 ひらがなを正しく読むことによって，文の意味がわかるようになります。

93～92 ページ

2 ひらがな（かき）

1 (1)2 (2)1 (3)1

2 (1)き (2)いぬ (3)なす
(4)とけい

3 (1)(てん)ぷら (2)(ら)くだ
(3)(だ)ちょう (4)(うん)ど(う)か(い)

4 (1)うさぎ (2)えんぴつ (3)たんぽぽ
(4)きゅうり (5)じしゃく

指導の手引き

1 ひらがなは字の形とともに，筆順も間違えやすいので，初期の段階からしっかり身につけさせましょう。

3 濁点や半濁点は字の右上につけ，拗音(「きゃ・きゅ・きょ」などの「ゃ・ゅ・ょ」)や促音(つまる音「っ」)はマスの右上に書きます。

91～90 ページ

3 ことばを よむ

1 れいぞうこ・なべ・まないた
・ほうちょう・はし

2 (1)うた (2)さとう (3)ゆき
(4)はしる (5)かさ

3 (1)あかるい (2)かるい (3)つめたい
(4)はやい (5)ちいさい

4 (1)つるつる (2)ぐるぐる (3)しくしく
(4)きらきら (5)どきどき

指導の手引き

1 言葉集めをすることで，言葉にはいろいろな種類があることを理解させましょう。

3 「高い↔低い」「右↔左」など，反対の意味をもつ言葉をほかにも考えさせましょう。

89～88 ページ

4 ことばを かく

1 (1)きれいな (2)とおい
(3)とうふ (4)せんせい

2 (1)あ (2)い (3)え (4)う

3 (1)こっき (2)やきゅう (3)かぼちゃ
(4)ちょう (5)しっぽ

4 (1)たべる (2)きく (3)みる
(4)たたく (5)つける

指導の手引き

1 のばす音を書き表すときの原則と例外を覚えさせましょう。

ここに注意！ のばす音のことを長音といいます。原則的に「おかーさん」とのばすア段の長音は「あ」と書きます(おかあさん)。イ段は「い」(おじいさん)。ウ段は「う」(ぶんつう)。エ段は「い」(とけい)と書きますが，「え」(おねえさん)と書く例外もあります。オ段は「う」(おとうさん)と書きますが，「お」(こおり)と書く例外もあります。

3 促音と拗音の書く位置を，しっかり身につけさせましょう。

4 ものの名前を表す言葉だけでなく，動作を表す言葉(動詞)もあることを理解させましょう。

87〜86 ページ

5 かたかな（よみ）

1 (1)ス　(2)ホ
(3)ミ　(4)ル
(5)ク　(6)ソ
(7)タ　(8)イ

2 (1)アイスクリーム　(2)バナナ
(3)チューリップ　(4)パイナップル

3 コアラ・ボール・ヨット・ジュース

4 (1)ゴロゴロ　(2)ニャーオ
(3)モーモー　(4)ワンワン

指導の手引き

1 かたかなの形をしっかり覚えさせましょう。「ソ・ン」「ツ・ミ・シ」など，よく似た字の違いについて理解させましょう。

3 かたかなで書き表す言葉をたくさん見つけ，かたかなに親しむようにさせましょう。

85〜84 ページ

6 かたかな（かき）

1 (1)1　(2)1　(3)2

2 (1)ライオン　(2)キャベツ
(3)アメリカ　(4)クレヨン

3 (1)ロケット　(2)ズボン
(3)ハム　(4)アイロン
(5)カメラ

4 (1)コップ(グラス)　(2)パンダ
(3)メロン　(4)ピアノ
(5)ドーナツ

指導の手引き

1 筆順を正しく書くと，字の形が整いやすいので，しっかり身につけさせましょう。

4 長音(のばす音)や促音(つまる音)などに気をつけて書かせるようにしましょう。

ここに注意！ ひらがなやかたかなの間違いに「鏡文字」というものがあります。鏡に写したように，向きが反対になっている文字です。そのような字にならないように，気をつけましょう。

83〜82 ページ

7 かん字（よみ）

1 (1)いぬ・な　(2)あお・しろ
(3)かい・みみ

2 (1)よん　(2)ろく
(3)に　(4)なな

3 (1)せんせい　(2)しょうがつ
(3)くさばな　(4)てんき
(5)みずたま　(6)しんりん

4 (1)えん・まる　(2)りつ・た
(3)にゅう・い　(4)そう・はや
(5)けん・み

指導の手引き

2 数の読み方は，あとに続く言葉によって変わることをしっかり身につけさせましょう。

3 一字一字の読みを覚えさせるとともに，熟語でもしっかり読めるようにしておきましょう。

4 一年生で習う漢字は，八十字あり，その中の大部分の漢字には音読みと訓読みがあります。これらに気をつけて，使い分けができるようにさせましょう。

81〜80 ページ

8 かん字（かき）

1 (1)森・中　(2)車
(3)山・虫　(4)田

2 (1)目　(2)口
(3)足　(4)耳
(5)手

3 (1)下　(2)右
(3)男　(4)出
(5)大　(6)立

4 (1)生まれる　(2)早く
(3)見える　(4)青い
(5)休む

指導の手引き

1 「森」と「林」，「虫」と「中」のように，形がよく似た漢字に気をつけて正しく覚えさせましょう。

4 (1)の「生」には「う(む)」という読み方があることにも注意させましょう。

79~78 ページ

9 ひつじゅんと かくすう，まちがえやすい かん字

1 (1)1 (2)1 (3)1

2 (1)木・本 (2)中・虫
(3)貝・見 (4)白・日

3 (1)2 (2)1
(3)1 (4)2

4 (1)7 (2)6

5 (1)~~果~~→草 (2)~~字~~→学
(3)~~大~~→犬 (4)~~王~~→玉
(5)~~目~~→日

指導の手引き

1 漢字の筆順は，原則的に上から下へ，左から右へ，横が先，外側が先の順で書きます。美しく速く書くためにとても大切なことなので，正しい筆順をしっかりと覚えさせましょう。

5 形のよく似た字は，点画の有無やはねる部分などに着目させましょう。

77~76 ページ

10 文を つくる

1 (1)は (2)へ (3)を (4)を

2 (1)(わたし)~~わ~~→は，
(ランドセル)~~お~~→を
(2)(山)~~え~~→へ，(きのこ)~~お~~→を

3 (1)のりました。 (2)ねて いました。
(3)つくりました。 (4)えん足《そく》です。
(5)かぶりました。 (6)いきました。

4 (1)(れい)はしって いる
(2)(れい)男《おとこ》の子《こ》が・のって いる
(3)(れい)せみが
(4)(れい)さいて いる

指導の手引き

1 助詞「を・は・へ」は，読むときには「お・わ・え」と発音します。文を作るときに書き間違えやすいので，気をつけさせましょう。

2 言葉のあとにつくときは，「を・は・へ」を使うことを理解させましょう。

3 言葉と言葉をつなげるのに必要な助詞の働きや意味を理解させ，意味の通った文が書けるようにさせましょう。

75~74 ページ

11 てん(、)・まる(。)・かぎ(「」)を つかう

1 きのう うみへ いきました。
　水が とても つめたくて びっくりしました。
　いもうとと いっしょに すなはまで大《おお》きな 山《やま》を つくりました。 その あと 貝《かい》がらで かざりつけを しました。
　とても たのしい 一日《いちにち》でした。

2 (1)にわとりが、たまごを うんだ。
(2)ぼくは、一りん車《しゃ》に のれるようになった。
(3)かぜを ひいたので、学校《がっこう》を 休《やす》んだ。

3 ありが、すから出《で》てきました。
　ひげのさきを、じめんにくっつけたりはなしたりしています。なにをさがしているのでしょう。

4 (1)「おかえりなさい。」と おとうさんに いいました。
(2)せんせいが「よーい、どん。」と いいました。
(3)おとうとが「その いちご、あまい。」と ききました。

指導の手引き

1 句点(「。」)は，文の終わりにつけます。よく読んで，正しい場所を見つけさせましょう。

2 読点(「、」)の打ち方は，いろいろあります。意味の切れ目につけて読みやすくしたり，文の意味をわかりやすくしたりすることを理解させましょう。

3 まず文の終わりに「。」をつけさせましょう。次に「、」の入る場所を見つけさせましょう。

ここに注意！ 「。」は文の終わりに，「、」は文中の切れ目につけます。どちらも文章が読みやすく，理解しやすいようにつけられるものなので，句読点に気をつけて読む習慣をつけさせましょう。また，「 」は主に文の中の会話の部分につけます。どこからどこまでが会話の部分であるか確かめさせましょう。

4 (1)は「おとうさん」が言ったこと，(2)は「せんせい」が言ったこと，(3)は「おとうと」がきいたことを，それぞれ探させましょう。

73～72 ページ

12 にっきを　よむ

1 ⑴七《しち》(月《がつ》)十八《じゅうはち》(日《にち》)
⑵花火大《はなびたい》かい　⑶かぞく
⑷(れい)ほしのように　なった。

2 ⑴(れい)やつがたけ・のった
⑵(れい)(すずしくて)　たのしい気《き》もち。
⑶**ア**

指導の手引き

1 ⑴日付が書かれている冒頭の部分に注意させましょう。
⑵日記の一文目に着目させます。
⑶一文目から「だれと」にあたる言葉を探させます。
⑷最後の一文に「さいごは」という言葉があることに注意させます。

2 ⑴日記の一文目に，どこで，何をしたかが書かれていることに注意させます。
⑵気持ちを表す言葉が書かれているところを探させます。
⑶首をなでてあげた相手であることに着目させましょう。

71～70 ページ

13 せいかつ文を　よむ

1 ⑴はいしゃ
⑵(れい)よるは　ねむく　なる　ことがあるから。
⑶(れい)とても　こわい　気《き》もち。

2 ⑴**ア**
⑵(れい)・うでを　ぐっと　ひきつける　こと。
・おもいきって　足《あし》を　けりあげる　こと。
・おへそを　見《み》るように　まわる　こと。
(順不同《じゅんふどう》)

指導の手引き

1 ⑴書き出しの一文に着目させ，場所を表す言葉を読み取らせましょう。
⑵二段落に着目させ，歯を磨かないことがあったのは夜であることに注意させます。
⑶歯をけずられるときのことが書かれている部分に着目させ，気持ちを表す言葉を探させます。

ここに注意！ ⑵理由を答えるときは，文末を「～から。」とすることに注意させます。

2 ⑴さかあがりがうまくできなかった「わたし」が，お姉ちゃんにこつを教えてもらい，さかあがりができるようになったことを書いた生活文です。
⑵後半部分に，お姉ちゃんが教えてくれた「三つの　こつ」が書かれていることに着目させましょう。

69～68 ページ

14 ものがたりを　よむ ①

1 ⑴おけや・竹《たけ》の　わを　はめて　いる
⑵くもの　上《うえ》　⑶かみなり

2 ⑴(れい)なにを…はがき
どこへ…ぞうさんのところ
⑵(れい)ぞうさんが，赤《あか》い　おうちに　すんで　いたから。

指導の手引き

1 ⑴登場人物がだれであるかをとらえさせます。そのうえで，何をしているのかを読み取らせましょう。
⑵場所を表す言葉に注意して，飛ばされたところを探させましょう。
⑶たいこや鏡をもっていたのがだれであるかをとらえさせます。

2 ⑴うさぎさんは，ぞうさんのところにやってきて，四枚の葉書をわたしました。
⑵うさぎさんの発言に着目させ，うさぎさんが，ぞうさんをゆうびんやさんだと考えている理由をとらえさせましょう。

ここに注意！ 物語を読むときには，だれが何をした話か，いつ，どこでの出来事かをとらえさせましょう。

67～66 ページ

15 ものがたりを　よむ ②

1 (1)(れい)まけないぞ。まけるもんか。
(2)(れい)うれしい　気《き》もちと，すこしくやしい　気もち。

2 (1)(れい)先生《せんせい》の　うでに　つかまって　はなれようと　しないから。
(2)(れい)先生の　うでを　ひとりじめして　ぶらさがる　ことを　しなく　なった。

指導の手引き

1 (1)「ゴールに　むかって　いる　とき」の気持ちは，書き出しの一文に書かれていることに着目させましょう。
(2)「『二人とも　一とうしょうよ』と　いわれた　とき」のことが書いてある部分がどこかに着目させましょう。本文に書かれている気持ちを表す言葉があれば，それをうまく利用してまとめさせましょう。

2 (1)「はるちゃんばっかり，ずるいよ」と言われた部分の前後に着目させます。主人公のはるかは，先生が大好きで，休み時間には先生の腕に両手でぶら下がっていたことをまとめさせましょう。
(2)手が二十八本になるまで順番に待つように言われたはるかは，さびしそうな顔をしましたが，ひとりじめしてぶらさがることはしなくなりました。この内容をまとめさせます。

65～64 ページ

16 せつめい文を　よむ ①

1 (1)ホウセンカ(の　せいちょう)
(2)(右《みぎ》から順《じゅん》に)4・5・3・2・1

2 (1)**ウ**
(2)ぼう(きれ)・つり糸《いと》・黒《くろ》い　紙《かみ》
(順不同《じゅんふどう》)

指導の手引き

1 (1)ホウセンカという花の生長を説明した説明文であることをおさえさせましょう。
(2)前から順に，種を植えると芽が出てふた葉が開くこと，茎が伸び花を咲かせること，花がちると実が育ち種ができること，そしてできた種が割ける勢いで遠くへはじき飛ばされることを正しくとらえさせましょう。

2 (1)冒頭の一文で「トノサマバッタは，どうやって　なかまを　見つけるのでしょう」と問題を提起していることに着目。その答えが書かれているのは，文章の最後の部分です。
(2)どのような実験をして，どのようなことがわかったかを，二つ目の段落に着目させ，確かめさせましょう。

63～62 ページ

17 せつめい文を　よむ ②

1 (1)①**イ**　②**ウ**
(2)(れい)たねが　じゅくした　あいず。
(3)(れい)たねを　つつんで　いる　かわや　にくが　めばえを　とめる　はたらきを　するから。
(4)(れい)みの　かわや　にくを　とりのぞく　こと。
(5)(右《みぎ》から順《じゅん》に)1・3・2・4

指導の手引き

1 (1)［　①　］の前では種が熟したこと，あとではそのまま土に落ちても芽生えないことが書かれています。前後が反対の関係になっていることをとらえさせます。［　②　］の前までに書かれていた内容をまとめて，あとで鳥と一緒に旅をしたことになると述べていることをつかませます。
(2)一つ目の段落に着目させ，何の「合図」であるかを読み取らせます。文末は「〜あいず。」と答えることに注意させます。
(3)［　①　］を含む一文のあとに続く一文で，その理由が説明されています。理由を問われているので，文末は「〜から。」などの形でまとめることに注意させます。
(4)「たねを　めばえさせる　ためには…」という一文にどんなことをしなければならないかが説明されていることをとらえさせます。
(5)野鳥が実をついばむところが最初，ふんといっしょに落とされるところが最後にあたることをふまえて順番を考えさせます。

ここに注意！ 説明文を読むときには，まず話題や問題をとらえさせます。話題に対してくわしい説明が続きますから，大事な内容には線を引かせるとよいでしょう。問題に対しての答えが書かれている部分も重要ですから，しっかりおさえさせましょう。色や数値など，細部を述べている部分にも注意して読むように心がけさせましょう。

61～60 ページ

18 しを　よむ

1 (1)むらさき・ふさふさ・つやつや
(2)(れい)ぶどうの　みが，ぎっしりと　ついて　いる　ようす。

2 (1)くもの　す
(2)あめつぶぼうや・くも・かぜ
(3)**イ**

指導の手引き

1 (1)ぶどうをくわしく説明している言葉に着目させます。
(2)おしくらまんじゅうが，どのような遊びであるかを確かめさせ，ぶどうの実がぎっしりとついている様子を想像させます。

2 (1)一～三行目に着目させ，あめつぶぼうやがトランポリンをしているところをとらえさせましょう。
(2)一～三行目，四・五行目，六・七行目にそれぞれ一つずつ取りあげられていることをおさえさせます。
(3)くものすが，かぜでゆれている様子を「トランポリン」と表現し，雨上がりの何気ない場面にうきうきした感じを与えている詩です。

ここに注意！ 詩を読むときには，まずリズムを味わわせましょう。そのうえで，作者が見ている対象をとらえさせ，まわりの様子をイメージさせます。様子をたとえた部分にも注目させ，何のどんな様子をえがいているのかにも注意させます。最終的には，作者が心を強く動かされた内容を読み取らせましょう。

59～57 ページ

19 しあげテスト

1 (1)**ア**　(2)**ア**　(3)**イ**　(4)**イ**

2 (1)トランプ　(2)バスケット
(3)オーストラリア　(4)シュークリーム
(5)ハーモニカ　(6)トランペット

3 (1)大雨　(2)名前　(3)出口　(4)三日月・見
(5)五円玉　(6)休日・草花

4 (1)3　(2)2　(3)6　(4)7

5 (1)4　(2)6　(3)5　(4)6

6 (1)(れい)ゴールインの　しゅんかんを見《み》て　いて，たかしが　一《いっ》とうしょうだと　おしえて　くれたから。
(2)(れい)すこし　てれくさい　気《き》もち。

指導の手引き

6 (1)「のむらくんって　なんて　かっこいいんだろう」と思ったことが書かれている直前の文に着目し，そのように思った理由をとらえさせます。
(2)「ありがとう」と言われたあとの部分に着目させ，気持ちを表す言葉を探させます。気持ちを答えるときには「～気もち。」とまとめることを確認させましょう。